U0045295

天下·文化
BELIEVE IN READING

心理勵志・251A

瞬間贏得信任的
圖解版

冷讀術

なぜ、占い師は信用されるのか?

石井裕之◎著　樂伊珍◎譯

目錄 |

面試、購物、戀愛：
讀你千遍也不厭倦

彭懷眞

　　在二○○六年，我主持了十次的面試，又擔任了十多次面試的評審委員。這些面試決定某些人能否獲得社工員、就業輔導員、僑生輔導員或研究助理的工作機會。我也曾多次參與職員晉升的口試，評量某些人能否升遷。在學校，我透過面試挑選各種學生，決定他們可否考上某個班、繼續深造，或能否代表學校出國、獲得某些補助或獎學金。

　　我很喜歡面試，可說是樂此不疲。因為能夠透過短暫的交談來認識人。當然，在十幾分鐘的互動中就要立刻打分數，甚至可能就此決定對方的生涯，是個不簡單的考驗。所以我比一般人更需要較強的能力去「閱讀」人，用這本書的概念來說，我需具備較佳的「冷讀術」。

　　其實，我們天天都在進行「面試」，購物時面試販賣商品的

人，賣東西時面試顧客。在職場上，我們不斷注意上司與同事的想法，並持續傳達自己的看法，這些看法又被對方所評量。如果能夠多瞭解人，進而有效溝通，該有多好！

俗話說「知人知面不知心」，聖經上也說：「人心比萬物都詭詐，誰能識透呢？」要完全瞭解一個人的心，恐怕比海底撈針還難。即使是平日的互動，我們也都有吃虧上當的慘痛經驗，在經歷被欺騙的痛苦後，總會懊惱不已。

「女人心，海底針」；而男人的心，老早被權力欲望給蒙蔽了，更不容易認清楚。不過，多數的人際關係都不需要太深入的了解，只要能在短時間中有基本的認識就行了。為了各種面試與評量，也為了生活中的買賣、經營、管理，我總是試著多認識人。所幸，高中時代就養成的讀書習慣，使我比一般人更敏銳些。

高中時，我很不快樂，各方面的表現也不盡理想。那時，我經常閱讀日本通俗心理學方面的書籍，希望從其中獲得一些啟發，藉此來扭轉自己的人生。許多觀念也在此時烙印於腦海，例如「每一天贏在起跑點——早起一小時就能成功」、「罷手還嫌太早——鼓勵堅持下去」、「知人又知心——閱讀人的面相有助成功」等。受到這些書籍的影響，我變得更積極、更快速、更渴望成功，之後的人生也越走越順利。

日本人的好學舉世皆知，許多人利用每天搭電車時看書，輕薄短小的通俗書籍因而大受歡迎。這本《圖解版：瞬間贏得

信任的冷讀術》就屬於這一類的作品，科學性不是那麼強，學術性也不高，但是趣味性十足。

本書是日本通俗心理學的新作，討論人與人初步接觸時的溝通方法，尤其是透過「用心看」、「用心聽」、「用心問」與「用心說」等溝通技巧，促進雙方的互動效果，就連新潮的E-mail溝通的最佳方式都加以介紹。

一般人際或溝通書籍多半會強調要「順勢而為」、「因勢利導」，注意互動中的情勢而表達。這本書與其他書最大的不同，在於作者特別強調「你要主動造勢」。包括運用類似推銷員、算命師的方法贏得溝通對象的信任，進而接納你。書中處處都是很容易運用的技巧。

人際溝通的成功關鍵不在於深奧的理論，重點是好學、好用。就像學習打網球或打棒球的人，透過「發球機」去回應各種情勢，比較快就能掌握擊球的訣竅，進而上場比賽。

通俗心理學的書籍多半有一些心理測驗吸引讀者練習，本書也不例外，書中最重要的是「We／Me型的區隔」。我也做了測驗，得到了一個預期中的答案。我當然是屬於「We型人」（否則怎麼會如此輕易就答應編輯的邀請，為本書寫導讀？）我喜歡這種個性，也經常揭露自己，並渴望更多人如此。

近年來，我致力推廣「We（我們）」的概念，東海大學卓越教學計畫中就有一個以「We are／We share／We care（我們是／我們分享／我們關懷）」為主題的關懷服務教育。

　　當前的教育環境充斥著「Me」的想法，太多人偏向自我中心，以致於人與人之間少了溫暖，少了和諧。無數人的冷漠使人際關係處處是障礙，很多人只會讀書卻不知道如何讀人。本書作者提醒多數屬於「Me型」而有「工程師背景」者，這些人需要學習溫暖、友善、自然的人際互動方法。

　　最近高鐵通車，出狀況的多半是管理部分，人為疏失與人際摩擦，使得這條台灣歷史上最快速的火車甫上路就鬧笑話，問題層出不窮。關鍵在於高鐵內部的某些員工，依然故我地用「Me」的心態做事。如果人人都有為顧客設想、為同事設想的周全思維，都能夠具備更好的「讀人」技術，高鐵內部自然能走向「溝通無障礙」，帶給台灣人更好的交通服務。

　　當然，如果藍綠政黨與海峽兩岸，彼此間多學習了解與尊重，知道如何發出「善意的好球」，能正確又心懷善意地解讀其他人的想法，對國家、社會與人民來說都是最好的發展。

　　人人都同意「尋求好的發展」，因為人往高處爬，大家都希望成功。不過，成功之路很窄，失敗之門很寬；賺錢不容易，吃虧上當卻經常發生。

　　如何能成功呢？就以本文一開始所舉的「面試」來說，多數被面試者積極地表現自己，努力把自己長期準備的答案設法用最短的時間說出來。其實，這不是得到高分的祕訣。被面試者應該具備「冷讀術」，在口試場合中觀察口試委員，並且試著順著委員的話來答覆。透過口試爭取成功的關鍵不是呈現自

己，而是回答出讓口試委員滿意的答案。

　　談戀愛也是如此，吹噓自己的人無法相愛久久，懂得營造「情投意合」感受的人才可能永浴愛河。藍綠之間、兩岸之間，能更體諒對方，用本書所強調的方法，使用「是的組合（yes-set）」，多說「是、好、對」，總能創造較佳的溝通效果。

　　有首老歌「讀你千遍也不厭倦」，這本書不需要讀一千遍，只要從其中學得一些讀人的方法，應用到日常生活中，去讀更多的人，就能改變原有的自己，成為讓人信任的人。

本文作者為東海大學社會學博士

終於登陸日本！

可使工作、戀愛、朋友、家庭關係順利進行的禁忌技巧

石井裕之

你還要辛辛苦苦地努力不懈嗎？

現在的你，手裡拿著這本書，可能正在書店、便利商店，或是在家裡、車上閱讀。

請你想像一下，成為溝通達人、大受異性歡迎、工作有成就、家庭和工作上的人際關係都很融洽的自己，是什麼模樣。

只要使用本書介紹的逆向溝通術 ──「冷讀術（Cold Reading）」，不論是工作或個人私事都能隨心所欲。

冷讀術就是這麼強而有力，因為它不只是溝通術，也是建立信任關係的方法。

以往的書沒有用

　　書店裡，到處都能看到《××會話術》、《××溝通術》、《××心理術》之類的書，但都不具有徹底改變人生的衝擊力。

　　為什麼呢？原因其實很簡單。

　　因為那些書只教你如何與別人順利交談，並沒有涉及雙方之間的關係。

　　但是，本書介紹的冷讀術，是一種瞬間就能與陌生人建立信任關係的方法，之後不管你說什麼、做什麼，對方都會做善意的解讀。

　　也就是說，對方對你深信不疑，即使你說謊，他也會當真。而且，你還可以博得許多人的喜歡。

成功或有人緣的人，是自然養成的

　　沒有人可以相信、沒有人了解自己，這種人生是最寂寞的。所以人經常在尋找這樣的人，一旦找到了，就會覺得自己幸福無比。

　　我們所謂成功或有人緣的人，其實就是善於讓人產生這種幸福感、讓人感到舒服的人。

　　不管他們的言行是真是假，都無關緊要，因為他們擁有使人感到幸福的技術。

這個技術無疑就是冷讀術。

真話，即使傻瓜也會說；但是，關心對方的謊言，若沒有感情、理解、技術，是說不出來的。你不覺得使人感到幸福的謊言，比傷人的真話更了不起嗎？

為什麼要了解冷讀術？

冷讀術是一種使用會話、心理策略建立信任關係的技巧。在歐美，一直被認為是「特定人士」，例如：假算命師、假通靈者、邪惡的宗教教祖等才會使用的技巧。

然而在日本，我出版的相關書籍，都成了銷售量突破二十五萬冊的暢銷書。我陸續接到來自學生、上班族、職業婦女、家庭主婦、商店店員、接線生、老師、醫生、護士、律師、服務生、歌舞女郎、顧問、算命師……等人的感謝，證明這本書具有非常廣泛的實用性。

當然，有些冒牌的算命師、缺德的生意人或騙子會使用冷讀術，這也是事實。正因為如此，我更希望大家都能了解冷讀術，以避免受騙上當。

我以更簡單、直截了當、更有趣的概念來寫本書，希望各位學習冷讀術愉快。

讓工作、戀愛、人際關係
隨心所欲的「冷讀術」，
到底是什麼？

什麼是逆向溝通術？

何謂冷讀術（Cold Reading）？

Cold是「沒有任何準備，當場就……」的意思。reading則是「占卜、讀心」的意思。兩個字合起來就是：

在事先完全沒有準備之下，為第一次見面的人算命，立即推測出對方的心理。

也就是說，一語說中不曾聽說也不曾見面的人，他的現在、過去和未來。

不過，本書所謂的冷讀術，並不是運用純粹的靈感或超能力，而是使用技巧或策略來推測。

進行冷讀的人，本書稱為「讀心者」（Cold Reader）。接受推測的人，英語稱為Sitter（坐的人），本書則通稱為「諮詢者」。

在冷讀過程中，看起來讀心者能夠說中諮詢者現在和過去發生的事，推測出他內心的想法，並能預測他的未來。但其實，與其說這是「讀心者知道諮詢者的一切」，不如說是「讀心

者讓諮詢者相信他所說的一切」，比較正確。

冒牌算命師、教祖、騙子慣用的逆向溝通術

　　冷讀術是冒牌算命師、假通靈者、騙子等經常使用的詐騙技巧，大家應該都聽過有人因為太信任騙子，而買下價格高昂但品質低劣的商品的事。但是另一方面，冷讀術也被大量使用在娛樂界的魔術秀中，帶給觀眾很大的驚奇和快樂。所以，其實技巧本身並沒有好壞之分，端視使用者的用心而已。

　　簡而言之，冷讀術就是一種使人相信「這個人知道我的事」的技巧，也可說是一種贏得他人信任的手法。

冷讀術對工作、個人私事都大有幫助

　　對一般讀者而言，學習冷讀術，可以對健全的事業和人際關係有正面的影響。想想看，能讓戀人覺得「他還真是了解我啊！」或讓第一次見面的客戶認為「這個業務員完全知道我的感受」，不是太棒了嗎？接下來事情一定會發展得很順利。

　　也就是說，只要受人信任，工作、戀愛、個人私事，都能隨心所欲！

使用冷讀術可以做到的事

使用冷讀術可以
建立「信任關係」 使對方對任何事
都做善意的解釋

亦即，你能隨心所欲！

測試與對方距離感的「杯子技巧」

和對方的交情還處於曖昧不清的階段，正確掌握和對方的距離感，是很困難的事。

最怕的是，你覺得兩人的感情已經不錯，應該可以進入下一個階段了，但是對方卻完全不這麼認為。也就是兩人的「距離感」有微妙的落差。

此時，可以使用「杯子技巧（Glass Technique）」，探知對方的想法。

找個和對方一起喝飲料的機會，閒聊一會兒之後，假裝不經意地把自己的杯子移近對方的杯子，如果對方沒有移動杯子的話，就可說兩人的距離感縮短了。

如果對方又默默把杯子移開的話，就表示他覺得兩人還是維持現狀就好，沒有進一步的打算。

透過杯子間的距離，就可測知兩人的距離。別小看這簡單的技巧，請試試看，還滿準的喔！

有人緣的人、善於人際關係的人、
工作有成就的人，都自然而然地使用冷讀術

任何人都能輕易使用冷讀術

使用冷讀術並不難

本書一方面揭穿冒牌算命師、假通靈者使用冷讀術的詭計，一方面教你在工作、戀愛和人際關係上，活用冷讀術的方法。

活用冷讀術一點也不難，也不需要特別的訓練。不論在事業或戀愛上，善於人際關係的人，都是在不知不覺中使用冷讀術，因為它本來就是極自然的東西。

將冷讀術運用自如，有以下的好處：

· 能獲得周圍的人的信任，工作和戀愛得以順利進行。
· 知道如何寫一封有效的 E-mail。
· 提高工作上需要的會話技能，例如要求賠償或者陳述事情。
· 在聯誼活動或舞會上，很快能和初次見面的人混熟。
· 可贏得初次見面的人的信任，得以擴大人脈。
· 由於很能了解對方的心意，所以很受歡迎。
· 可輕鬆與不好相處的人交往。

不管什麼人，只要提升人際關係，一定能獲益。換言之，只要精通冷讀術，任何人都能把人生變得有聲有色。

爲什麼要公開禁忌的技巧？

冷讀術是至今尚未被普遍公開的一種逆向溝通技巧。我曾經擔心，如果把它寫成書出版的話，會遭到讀者的誤解，認爲我在「教授詐欺技巧」。

但是，那天發生的事，改變了我的想法。

我的一位顧客，上了缺德推銷員的當，花了數百萬日圓存款買下毫無價值的「教材」。當時她沒有工作，整天閉居家中，只靠積蓄過活，這件事簡直使她痛不欲生。

我知道後也非常震驚，仔細聽她描述整件事的經過，越聽越明白，缺德推銷員使用的詐欺技巧，無疑就是冷讀術。

我更是驚訝、痛心得說不出話來。

的確，能把冷讀術運用自如的人，說什麼都能讓人相信。但是另一方面，如果我的顧客也知道冷讀術的話，就不會失去辛辛苦苦積蓄起來的存款了。

因此，我才下定決心，覺得有必要把複雜的冷讀術，盡量用淺顯易懂的方式，讓更多人知道。

冷讀術可用在哪些事？

- 可使工作、戀愛、朋友、家人……各方面的人際關係順利進行。
- 知道有效 E-mail 的寫法。
- 有助於與人交涉、應對、開會等。
- 有助於就職、轉職等的面試。
- 追求異性。
- 在聯誼活動或舞會上，很快和人混熟。
- 不怕與陌生人見面。
- 因了解對方的心意而受歡迎。
- 和難對付的人輕鬆交往。

精通冷讀術可以改變人生！

進入主題前先閒聊的「特異說話術」

有助於
工作・戀愛
的小技巧

任何形式的會談，不管是去拜訪客戶，還是參加正式會議，通常談話都不會立刻進入主題，多少會有一小段時間，讓大家閒話家常、輕鬆聊幾句。

一般人會把這段時間當成活絡氣氛的「熱身運動」，忽略了這正是活用對方潛意識的最重要溝通機會。

原因很簡單：這時候對方以為只是閒談，所以完全沒有戒心。

戒心暫時降低的狀態，在冷讀術上稱為「特異時機（Offbeat Timing）」，是釋出有用訊息於無形的最佳機會。

例如閒聊到足球時，可以說：「啊！是啊！我的一位客戶，已經使用敝公司的商品十年了，他可是個狂熱的足球迷呢！」

這句「閒話」中隱藏的訊息是，「我有個來往十年的忠實客戶」、「我們公司的產品優良，可以使用十年以上」。

這種方式稱為「特異說話術」，在任何場合都可以使用，請務必試試看。

真話，傻瓜也會說！使用冷讀術，
關心對方的謊言就能順利進行

檢驗！這就是冷讀術的詭計！

有了信任關係，謊言也會變成真話

詐騙謊言與工作、戀愛上的溝通有何關係？答案是，都是建立在信任關係上。

兩人之間如果有堅實的信任基礎，不管你說什麼、做什麼，對方都會往好的方面解釋。反之，如果雙方互信薄弱，不管你說什麼、做什麼，對方都會往壞的方面解讀。

比如在戀愛關係中，受到信任的一方，即使劈腿晚歸，只要找個「招待客戶」的藉口，就可了事。但是不受信任的人，即使真的是招待客戶，也會被懷疑。

只要建立了信任關係，謊言會變成真話、真話也會變成謊言，往後你就能隨心所欲了。

而建立信任關係的技巧就是冷讀術。

冷讀術是強而有力的，也是危險的。使用冷讀術，可讓對方認為「這個人了解我」，使交談順利進行，打開心扉接納你。

　　不論最終目的是惡意的欺騙對方購買數千萬日圓的瓷器，還是想談成一筆商業交易，或建立美好的戀愛關係，在使對方打開心扉之前的步驟，都是通用的。

　　也就是說，一旦學會冷讀術，往後就不會再有溝通上的煩惱，而能過著精采的人生。

　　希望你一邊享受窺視有點危險之物的刺激，一邊敞開心胸閱讀本書。本書記載的實踐技巧，在所有場合都可以使用。

　　冷讀術是利用人的心理，所以強而有力。因此，在學習冷讀術之前，請先學習了解有關人類的心理。你會知道，操縱對方的心、建立信任關係，絕不是難事。

冷讀術的詭計

一語說中對方的過去、現在、
未來或對方所想的事。

對方以為
這個人了解我。

妳的過去、
現在、未來

這個人
了解我……

一下子讓對方打開心扉而獲得信任。

不被冒牌算命師詐騙的方法

算命的時候，要防止被冒牌算命師或假通靈者詐騙，可以使用一個很有效的──完全不反應法。

那就是──不管對方說什麼，你都不要有任何反應，說中了不要點頭，說錯了也不動聲色，始終默默聽著讀心者說話。

讀心者在占卜過程中，會使用一種讓你覺得不是在問問題的巧妙方法（此技巧在後面會介紹），假裝若無其事地向你提問。例如說：「嗯，你的手相中出現了與水有關的糾紛。你應該有想到一些事吧？」

這時候，你不要回答他，只要微笑地說：「在我給你情報之前，請先說出你看到的事情吧！」

聽到這種回答，任何讀心者都會投降。

但是，即使你心裡下定決心絕對不反應，熟練的讀心者還是會利用機會，在不知不覺間和你展開對答，千萬要小心。

人會在不知不覺間被他人控制

控制對方的心很簡單

A箱和B箱

「A箱和B箱」是我常在電視或研討會上做的表演,目的是讓大家更理解潛意識在溝通上的重要性。

「請你想像一下,這裡有兩個箱子,A箱和B箱。」

我用手勢指示了兩個想像的箱子的位置。

「請你憑直覺立刻選擇其中一個箱子。」

被要求的人,會回答說:「嗯,A箱。」

「為什麼選擇A箱?」

「沒什麼,就是覺得……」

我會帶著微笑,非常理解地點頭。

「你以為是自己選擇了A箱,其實並不然——是『我』叫你『選擇』A箱的。」

你叫我選的?什麼意思呢?

每次做這個簡單的控制心理測驗,總是有很多自願者參加。其實可以輕易讓對方選擇你所指定的箱子,祕密就在於你

用手勢指示箱子位置的時候。

我先用左手指示「這裡有Ａ箱」，再用右手指示「這裡是Ｂ箱」。然後放下雙手。接著問：「如果要立刻選擇的話，你會選擇哪一個？」而在說到「立刻」時，要大膽舉起左手指示Ａ箱的位置。如此，「Ａ箱」的印象就會跳進對方的潛意識裡，被迫用直覺選擇時，「Ａ箱」較容易浮現在腦海。當然，對方在意識上完全不會察覺，所以會以為是自己無意中的選擇。

不知不覺中被他人控制心理

這項表演我做過百次以上，從來沒有失敗過，對方全都選擇了我暗示的箱子。

不過，有一個很有趣的現象是，在我說明原理之後，受試者通常會不以為然地反駁說：「那是因為你先說Ａ箱，先聽到的東西印象會比較深刻。」而選擇Ｂ箱的人則說：「因為Ｂ箱你後說，通常人會記得最後一個選項。」要找理由怎麼說都行。

這是因為人會害怕「潛意識在不知不覺中被他人控制了」這件事，所以無論如何不願意承認。

實際上，先說Ａ箱或Ｂ箱根本無關緊要，我就是成功地讓對方選擇了我所指定的箱子，這是無可否認的事實。

仔細想想，這的確是可怕的事。

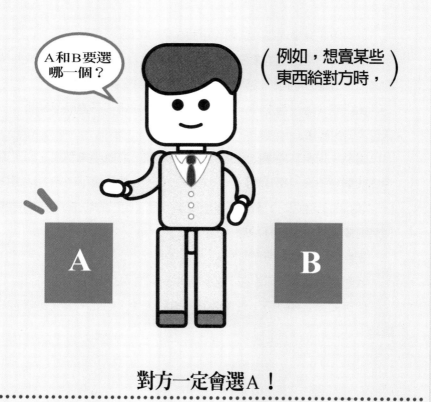

A箱和B箱的策略有各種用法

A和B要選哪一個？

（例如，想賣某些東西給對方時，）

對方一定會選A！

活用於商業上的Ａ箱和Ｂ箱

你可以在營業現場試試看Ａ箱和Ｂ箱的策略。

例如,把兩份契約書擺在客戶面前說明:「一份是一次付清的契約書,一份是分期付款的契約書──請問你選擇哪一種?」

當說到「哪一種」時,一邊看著客戶的眼睛,一邊用手輕觸「一次付清的契約書」。

當然,如果客戶早已經決定要分期付款,那就另當別論。如果客戶處於猶豫不決,不知選哪一種才好的階段,他就會不由自主地選擇「一次付清的契約書」,而且不會懷疑那不是「自己的想法」,即使一次付清對業務員是比較有利的。

如何?是否覺得有點可怕?

我們都是這樣,可能在不知不覺中受到他人的操控。

是否知道這種狀況,會導致不一樣的人生。因此,請務必精通冷讀術。

相貌醜陋卻很有人緣的人、
口才不好卻很會賣東西的推銷員，都懂得利用潛意識

利用潛意識，溝通超輕鬆！

誰都沒有察覺的技巧——巧妙法則的祕密

A箱和B箱的實驗中使用的無法察覺的暗示技巧，就叫做「巧妙法則」（Subtlety）。不只是算命師或讀心者，包括能強烈吸引人心的溝通專家，也都能靈活運用巧妙法則。

坦白說，現代人的心幾乎是完全不設防的。

然而，我們擔心食物簡直到了過度敏感的程度。例如，對於牛肉是哪裡生產的、有沒有使用化學添加物、有沒有混入異物等等，非常小心。

我們對於進入胃的東西是這麼的慎重，但對於進入心的東西，卻遲鈍得嚇人。

對於從電視、網路、雜誌等媒介傳播的訊息，你曾經這麼慎重地檢視、過濾嗎？如果答案是沒有，那麼對於穿透意識進來的巧妙法則，又怎能斬釘截鐵地說自己完全不受影響？

現代人的心是完全不設防的，擁有把訊息放入最不設防之

地的技術者，就是讀心者。

潛意識比較強勢

在日常生活中，自己的意志受「另一種力量」擺布的情況非常多。

例如，在結婚典禮致詞時，雖然明知沒有人認真傾聽，還是會緊張兮兮；即使想忘記，但思緒就是被喜歡的人霸占著，無法專心工作；很清楚只要再努力一下，目標就會實現，但就是怎麼也提不起勁兒來。

所謂「另一種力量」就是潛意識，就連不知道潛意識這個名詞的小學生，也可以感覺到這一股從內心深處打敗自己理智的力量。

我們平常用自己的頭腦（顯意識）充分思考、生活。但是，當它與來自潛意識的衝動牴觸時，也只能甘拜下風了。

從潛意識湧現的意念比頭腦思考還強勢，這個事實用不著心理學家提醒我們，任何人從日常經驗就可以清楚的感受到。正因如此，不論是事業或個人私事，讓對方在潛意識留下好的印象，比用理由說服對方更具有壓倒性的效果。

潛意識和顯意識

潛意識

- 在無意識下思考的事。
- 意志之外的力量。

顯意識

- 自己的意志。
- 正在思考的事。

把訊息放入潛意識，
就能操縱對方的心。

使用冷讀術就能做到！

成為「理想的自己」的方法

　　既然潛意識比顯意識強勢，那麼，如果你想徹底改變，成為「理想的自己」，最好的辦法就是從改變潛意識著手。

　　怎麼做呢？首先要了解，潛意識能理解的語言就是「暗示」（Affirmation）。

　　說到暗示，大家第一個想到的是用言語，其實，行動的暗示效果更強烈。燦爛的笑臉比不斷說著：「好高興、好高興」，更能表達高興的心情。

　　因此，如果你想「成為」理想的自己，只要每天的行為都「好像」理想的自己就行了。

　　反過來說，如果你覺得不如意的事老是發生在自己身上，或許就是因為你一直採取「引發不順遂」的相關行動。

　　請記住，你的行為就是對自己潛意識的暗示。從今天起，試著一點一滴地改變自己的行為吧。

以自己的步驟進行會話策略

懂得會話策略，
你也可以改變人生！

絕對不會被拒絕的會話策略——「雙重束縛」的祕密

「雙重束縛」（Double Binds）的會話策略，是不讓對方有機會說「No」的技巧。

有人拜託你幫忙時，你第一件要考慮的事情是什麼？Yes或No，對不對？

如果是Yes的話，就進一步聽對方解釋詳情；如果是No，就想著要用什麼理由拒絕。比如接到推銷電話，大概很少人會想弄清楚對方到底是賣什麼？通常是連聽都不想聽，一接到後就只想快快拒絕掉。

如果對方的腦中已經決定「No」，要再讓他回心轉意就很困難了，即使再怎麼努力對應對方的理由，都沒有用了。

「可以跟妳約會嗎？」

「『No』！今天我很忙。」

「一起喝杯茶如何？」

「我真的沒空。」

「什麼時候有空？」

「不知道。」

像這種邀約的方式，讓對方的腦中有出現「No」的機會，也就是讓對方的思緒進入了如何拒絕的模式。

因此，封鎖最初「No」的反應非常重要。

怎樣才能封鎖「No」呢？很簡單，就是使用無法回答「No」的說法就行了，比如「雙重束縛」的會話術。

「我們去吃飯還是去喝茶？」

「可是我沒空。」

「那麼就去喝茶吧。」

「嗯，喝杯茶倒還可以。」

對「可以跟妳約會嗎？」這句話可以說「No」，但是對「我們去吃飯還是去喝茶？」這句話回答「No」，在文法上顯然是錯誤的。

被詢問「哪一種好？」卻回答「No」，有點答非所問，因此對方的頭腦裡不會出現「No」的念頭，態度就會稍微鬆懈下來，容易有「喔，只喝杯茶還可以，大概二十分鐘就可以回來了」的想法。

這也是一種巧妙法則的技巧，一種極纖細誘導心理轉變的技巧。

絕不被說「No」的雙重束縛技巧

「我們去吃飯還是喝茶？」⋯⋯⋯ (不要懇求對方！
把已經決定要做的事
當作前提。

「可是我沒空呀！」

「那麼就去喝茶吧！」

「嗯，喝杯茶倒還可以。」

這就是絕對不會被說「No」的雙重束縛技巧。

你可以輕易使用的雙重束縛技巧

　　只要稍微意識到雙重束縛技巧，你也能順利進行溝通。至少不會被對方壓制，而能冷靜的做出判斷和反應。

　　雙重束縛技巧的重點，簡而言之，就是「不要懇求對方」，因為只要有懇求的含義，就可能立刻引起「No」的反應。當然，這也需要巧妙法則的技巧。

　　例如，想要對方做Ａ，又不願被拒絕時──

　　1. 用不著拜託對方，而以「已經決定做Ａ」為說話的前提。

　　2. 然後，就Ａ的具體做法，提示幾個選項。

特別企畫 ①

「冒牌算命師」用冷讀術
能做到什麼？

　　我是在石井老師那裡學會了冷讀術。

　　當然，活用冷讀術可以提高日常的溝通效果，但我怎麼也不能就此滿足，很想嘗試看看成為真正「冒牌算命師」的滋味。

　　完全不懂算命的我，究竟能使用冷讀術讓人相信到什麼程度呢？我決定做個實驗。

　　我拜託朋友四處宣傳我是個「神準的算命師」，然後請他介紹一位女性來算命。

　　這位女性未滿三十歲，個性看起來有點好勝。她似乎對算命沒多大的興趣，但也並非完全不相信。

　　我把塔羅牌拿出來。

　　其實，我完全不懂塔羅牌，這副牌是上個月才買的。我將它短暫浸泡紅茶後，接著在太陽下曝曬數天，再用砂紙輕輕擦拭，弄得這副牌好像已經使用了幾十年似的。

　　這也是從石井老師那兒學來的「禁忌的祕密」之一。

我慢慢地將紙牌一張張地放在桌子上。

「妳相信同步性（Synchronicity）嗎？」

「同步性？」

「就是本來沒有關連的事件同時發生。例如，我今天算了六個人的命，這六個人的血型全是B型，妳是第七個，當然也是B型。」

「是的，我是B型。你怎麼知道？」

「那就是同步性呀！表面上是偶然的事件，也會被我們不知道的法則引導而發生。」

這是冷讀術中相當高段的動態分叉（Dynamic Forking）技巧，需要絕妙的時機和很有彈性的說話方式。

當然，今天來算命的六個人都是B型血型這種話，完全是我胡扯的。而我一邊說「六個人的血型全是B型」時，一邊觀察她的表情。

如果她沒有太大反應的話，就表示她不是B型。此時，只要說「好不容易遇到第七個的妳，不是B型」就好了。

但是此時，我看到她的臉上掠過一絲驚訝，所以不用她開口，我就知道她是B型的人。

因此我立刻斷言：「當然第七個的妳也是B型」。

「妳現在正為人際關係而煩惱嗎？」

「人際關係？」

「職場問題啦、親子關係啦、戀愛啦……」

「沒錯，戀情是有點問題……」

這是冷讀術的基本技巧之一──巧妙質問法（Subtlety Question）的應用（詳見頁93）。所謂人際關係，其實可做廣泛的解釋，而把我所說的人際關係這個模糊的主題，縮小到「戀愛煩惱」的，並不是別人，正是她自己。

若無其事地從對方口中套出訊息，這就是巧妙質問法的技巧。

「妳好像不知如何是好，感到很困惑？」

「是的，的確如此。你怎麼知道？」

「妳心裡幾乎已有答案了，但是又缺乏自信。是不是這種狀態？」

「是的。雖然已決心分手，但他還是對我很體貼，所以就糊里糊塗地拖下去……」

「他……在社會上似乎是個有成就的人……嗯……不是一般的戀愛？」

「是的……他是同公司的事業部長……其實……」

「婚外情很辛苦吧？」

「是的……」

其實，我只是使用適合 Me 型（Part3）女性的「例行話題」（stock spiel）（詳見頁77）而已。

在冷讀術上，只把諮詢者分為兩個類型：Me 型和 We 型。而例行話題則「一定適合」各種情況，也就是說，我只不過說

了毫無針對性的一般說詞。

　　對話持續不久之後，她哭了。對第一次見面的人，她如此之快就吐露一直隱藏的煩惱和祕密，這讓我很吃驚。

　　於是我想，如果我動了壞念頭，大概要她做什麼她就會做什麼，要她相信什麼她就會相信什麼。

　　但是，做為正派的讀心者，我的道德感絕不容許我玩弄她的純真和信任。

　　「重要的不是算命結果，而是妳要採取自己相信的行動。也許會受到傷害，也許會感到寂寞，但請妳往自己認為正確的方向前進。只要能堅持下去，妳一定會得到幸福的。塔羅牌這麼說。」

　　「是的。謝謝你！」

　　這時候，氣氛已經和剛見面時那種緊繃的感覺截然不同，她臉上露出燦爛的笑容。只不過五分鐘左右的算命，她卻道謝好多次才回家。

　　「使用冷讀術的確可以成為冒牌算命師，但是……」我想起石井老師耳提面命的叮嚀：「只要懂得技巧，誰都能夠騙人，因此要做壞事並不難。但我們要把目標放在更高的地方，使人幸福快樂比騙人難得多，我們應該為使人幸福而磨練技術。」

　　我細心領會冷讀術的同時，也強烈覺得，這個技巧不應傳給居心不良的人。

（Ｗ・Ｋ，三十五歲，作家）

Part 1

爲什麼冷讀術有效？

只要了解人的心理，就能占絕對的優勢。

人一旦被捲入情境中，就不能冷靜判斷了

其實沒有人了解自己！
「巴南效應」的祕密

人的自我評價不可靠

　　一九四九年，心理學者培特朗·福瑞爾（Bertram Forer）做了一個實驗。

　　他聚集了一批學生，讓他們做一份性格診斷測驗（見頁51）。幾天後，他把診斷報告交給學生，再統計學生對診斷結果的效度評定——「你認為報告說中了多少？」

　　總分是五分，學生們的評定平均是四·三分。

　　也就是學生們認為診斷報告的準確率高達百分之八十六，其中有百分之四十一的學生甚至評價為：

　　「這份報告『完全』吻合我的性格，這份測驗真了不起！」

　　其實，福瑞爾交給學生的診斷報告是完全相同的，而且是從車站小商店買來的算命雜誌的文章中，挑選幾個句子拼湊而成的。

　　福瑞爾眞正的目的，是想證明「人的自我評價是不可靠的」。

　　爲什麼學生會被矇騙呢？

　　那是因爲福瑞爾說：「這份報告是『你的』測驗結果」。當學生聽到「這是『只爲你』準備的報告」，心理上就被捲入情境中，而不能做「這東西是不是適用於任何人？」的客觀判斷。

　　事隔三十年，據說又做了一次同樣的實驗，結果還是一樣。時至今日，人們仍持續被同樣的原理給矇騙。而且因爲受騙者並沒有察覺，所以以爲只有自己沒有受騙。

捲入情境的魔力

　　看雜誌上算命專欄的人，應該不會有太多人覺得「這可眞準呀！」但是，如果請街上的算命師邊看「你的手相」邊推測，即使他說的和雜誌上所寫的一模一樣，你也會覺得「說中了」吧！

　　算命師看著你的手相，只爲你一個人推測。就因爲你有這種感覺，心理上就捲入被推測的情境了。

巴南教授的性格診斷測驗

你是──

- 有時會有相當不務實的奢望。
- 有時很外向，善於交際，與人相處和樂；有時又很內向，非常謹慎小心，深居簡出。
- 從過去的人生經驗中學到：過度坦率地表現自己並非聰明的做法。
- 自認為很有自己的想法，不會毫無根據地相信他人說的話。
- 愛好某種程度的變化和自由，受到束縛或限制就會感到不滿。
- 有時會懷疑自己以往的人生選擇和行動是否真的正確。
- 外表看起來好像很有自信，但內心也有煩惱或不安的一面。
- 曾有性方面的不滿足。
- 雖然性格上有些缺點，但大體上都還可以彌補。
- 體內沉睡著尚未被挖掘的才能。
- 對自己有太過嚴格的地方。
- 希望被人喜歡，受認同的欲望強烈。

你吻合了多少？

打開對方心扉的技巧①

　　不論在戀愛或事業上，順利溝通的第一步，就是讓對方打開心扉。

　　為此，最重要的是要先開放自己的心胸。不過，開門見山地告訴對方：「我已經對你敞開心扉了」，是沒有效果的，必須透過暗示傳達給對方的潛意識才有效用。

　　在此教你一個最簡單的方法。就是在交談時，藉由變換姿勢或做手勢，盡可能露出你的手掌，讓對方看到。

　　大家都知道，狗要投降或向人撒嬌時，都會露出最脆弱的肚子。而人的手掌，也具有同樣的意義。

　　若無其事地把手掌展現給對方看，對方的潛意識就能感受到「這個人並沒有抗拒我，而是開誠布公地對待我」。

　　反之，對方如果兩手交叉，一直看不到手掌的話，就表示他還在防衛狀態中。

使對方說出自己的事，他就會很快進入情境中

星座和血型都無關緊要！
何謂「相信算命師的心理」？

你洩露自己的訊息？

冷讀術並不是真的「說中」了諮詢者的事，而是讓諮詢者「認為被說中了」。其實諮詢者的情況，大部分都是由自己透露出來的，但卻根本沒察覺，而誤以為被說中了。

「我看見了紅色的地毯。你有沒有想到什麼？」

「紅色地毯……」

「你好像在有紅色地毯的地方尋找些什麼……」

「啊！那是上個禮拜去的電影院。沒錯，那裡的確是有紅色地毯呀！」

「果然如此。就是電影院沒錯。」

在這段談話中，讀心者自始至終只有提示「紅色地毯」這個訊息，「上個禮拜去的電影院」是諮詢者自己說出來的。

不過，由於讀心者巧妙地說：「雖然地點模糊有些看不清

楚，但紅色地毯清楚可見」，才使得諮詢者下意識地認定，「這位算命師打從一開始就看到我去電影院」。

這是個很簡單的例子，之後會再介紹若無其事地套出情報的具體技巧。

任何人都最喜歡自己

上述的例子要說明的是，讀心者其實只是布下了一個模糊的情境，讓諮詢者套入自己的情況，共同參與了這個預測，透露出自己的訊息。

不論任何時代，人最關心的事既不是星座也不是血型，而是「自己」。甚至可以說，沒有比自己更令人關心的東西了。

如果你是菜鳥業務員，或許會覺得「為什麼客戶都不關心我們公司的商品」？事實上，誰都不會關心你的商品，每個人關心的都是他自己。

也就是說，你只要設法讓對方說出自己或公司的事，他就會被捲入你的推銷布局中了。自己的事、自己工作的事、自己公司的事，都是人們很愛談論的話題。

人最關心的莫過於自己

看照片時也是最先找自己

因此，讓對方多講自己的事，
情報就會不斷進來。

讀心者就是利用這種人類的心理。

打開對方心扉的技巧②

有助於
工作・戀愛
的小技巧

　　事實上，人與人相互之間的印象，多半是在交談以外的部分形成的。即使談話很愉快、順利，也不一定能給對方好印象。

　　因此你最好學會從潛意識給對方好印象的技巧。

　　重點並不是在你說話的時候，而是在聽對方說話的時候。

　　對方在說話時，一定會邊說邊「喘口氣」吧？在一段話中間，一定需要換氣、停頓、思考，然後再開始說話。

　　當對方吸氣、吐氣要開始說話的當兒，你就跟著慢慢地點頭。也就是說，並非針對說話的內容點頭，而是配合對方呼吸的節奏，深深地、慢慢地點頭。

　　光看文字說明，你或許會覺得很困難，但只要稍加練習一下，便會發現做起來出乎意料的容易。

　　正如母親配合嬰兒睡眠中的呼吸輕輕拍打一樣，跟著對方的呼吸節奏點頭，對方的潛意識裡就會感覺很安心。

被騙的人是怎麼想、怎麼行動的？

騙人很簡單！
何謂「受騙者心理」？

希望那是眞的

被騙的時候，受騙者的心裡總是「希望這個人說的是眞的」。

比方說，孩子因意外或疾病死去，傷心欲絕的父母聽到教祖說：「這個孩子還沒有死，一定會復活的。請用平常的方式對待他。」父母即使理智上知道那是一派胡言，心裡還是會覺得「如果那是眞的該有多好」。

怎麼也無法接受失去孩子的事實，只好依賴教祖的話度日，甚至把孩子的遺體放置到變成木乃伊，還捐大筆錢給假宗教團體。這樣的事，難道輕易地用「中這種圈套實在太蠢了」就可以解釋了？

這些父母之所以受騙，並不是因爲愚蠢，而是因爲眞心的希望那個謊言是眞的。不論在哪個時代、何種情況下，受騙者的心中都強烈覺得「應該相信那個謊言」。

讀心者會打開你的心扉

請看下面的例子。

「你不太能對人敞開心胸，這是很可惜的喔！其實你感情豐富而且很能逗人開心，是個極有魅力的人，只是還沒有全部展現出來。」

冷讀術的高明之處，就在於聽起來好像很自然，其實是個設想周到的圈套。如果對方開門見山地讚美你：「你是個充滿感情的人，而且擁有使人開心的魅力。」你應該會立刻提高警覺：「我才不會被好聽的奉承話給騙了」吧！但是這個例子中，對方卻說你：「……還沒有全部展現出來」。

雖然只是有潛力，但自己被認定是充滿感情、有魅力的人，總是令人高興，也一定希望這是真的。既然如此，你就會想辦法把那個潛在的長處，進一步地表現出來。

怎麼做呢？既然讀心者惋惜你「不太能對人敞開心胸（所以無法發揮長處）」，因此若要活用長處，你就「必須對人敞開心胸」，不是嗎？

於是，你不知不覺地，就對讀心者輕易敞開心胸了。

這就是讀心者的目的。也就是說，你聽從讀心者的話，對他敞開心胸的最大原因，就是你相信「其實你感情豐富，是個很有魅力的人，別人和你在一起會覺得很快樂」的「謊言」。

不著痕跡的奉承

例：「你對『施』比『受』更感到喜悅。」

「你有超優的靈感。」

「倚賴你的人真多呀。」

「你為人誠實，但遭到不少誤會。」

被單刀直入的奉承話騙的人並不多，
但被不著痕跡的奉承話所騙，
則是普遍的人類心理。

讀心者就是利用這樣的人類心理。

打開對方心扉的技巧③

有一個慢慢打開對方心扉的方法，叫做使用「同調」語言，也就是在談話中盡量模仿對方所用的特殊字彙。

如果對方說：「今年想向各種事情挑戰看看。」那麼，你在交談中就要盡量使用「挑戰」這兩個字眼。

例如，一邊看菜單一邊說：

「我平常有點怕喝日本酒，但是今天決定『挑戰』看看。」

「這道菜只看名稱實在不知道是什麼，不如『挑戰』看看吧！」

如果是工作上的事，就說：

「現在的工作對我來說，相當具有『挑戰』性。」

「我最尊敬有『挑戰』精神的上司了。」

每說到「挑戰」一次，對方對你的好感也會增加一次。透過好感的累積，對方的心情就會越來越好，對你越來越信任。

人會刻意只記憶自己感興趣的部分，
人的記憶是曖昧的

選擇性記憶的圈套

戀愛容易受騙？

　　我在高中時愛上了一位同班的女同學，她的生日是一月二十三日。自此以後，不可思議的事發生了。每當我無意中看手錶時，時間「一定」是一、二、三的組合，像是一點二十三分、十二點三分、三點二十一分等等。

　　「為什麼每次看手錶，都剛好是和一、二、三有關的時間？」我很認真地思考這個問題，心想這絕對不是偶然，一定隱藏著什麼含義，甚至有什麼啟示。

　　儘管嘲笑我吧！當時的我只是個因為戀愛而過度興奮的高中生，不擇手段地想把她和我聯繫起來。當然，如果不是陷溺在愛情中，應該不會被這種蠢事給朦騙的。

　　每個人一天當中總要看好幾次時間，經常有事沒事就瞄手錶一眼。我們對這種無意識的動作通常沒什麼感覺，比方說，要是時間是五點四十五分，甚至會忘了曾經看過手錶。

但是，如果偶爾是一點二十三分或者三點二十一分的話，這個「符合」就會強烈吸引我的意識，以致於當後來回想起來時，就相信「看手錶時『一定』會出現一、二、三的組合」。

這個原理就叫做「選擇性記憶」。刻意只留下感興趣的記憶，其他無關緊要的事，即使實際看過或聽過，也會忘記。

當然，它們其實還留在潛意識裡，只不過有時候是刻意不去回想，有時候是想也想不起來。

沒說中的事就忘了

同樣的道理，讀心者和諮詢者之間若建立了信任關係，諮詢者也只會對說中的部分留下強烈的印象。也就是說，諮詢者很容易覺得讀心者「全部」都說對了。

因為去算命的人的想法是，特地花錢給不準的算命師看相，當然不如給厲害的算命師看相才合理。所以，自然容易只想起說中的部分，以符合心中的期待。

對諮詢者來說，並不是「因為算命師說得很準，收費才貴」，而是「因為收費貴，所以覺得算命師說得很準」；並不是「因為算命師厲害，才要排隊等候」，而是「因為要排隊等候，所以覺得算命師很厲害」。

人絕不是根據事實做評價，而是按照自己的期望。

潛意識的記憶和顯意識的記憶

潛 意 識

記憶所有經驗過的事，不過無法回想。

顯 意 識

刻意只留下非常感興趣的經驗。
（＝選擇性記憶）

讀心者就是利用「選擇性記憶」。

讓自己看起來最美的方法

　　人的面貌並不是左右完全對稱，總有一邊看來比較有魅力。如何展現自己比較美的那一面，值得好好研究。

　　請你仔細觀察自己的相片或照鏡子，確認一下自己的長相。

　　把連結兩眼眼尾的線稱作Ａ線，連結兩個嘴角的線稱為Ｂ線。因為我們的臉孔大部分是左右不對稱，所以Ａ線和Ｂ線不會呈平行，有一邊比較窄，另一邊比較寬。

　　和人面對面或拍照時，不要正面相對，稍微側身，盡量把臉孔較寬的一側往前，會使你看起來更美。

　　為什麼呢？因為在一般人的認知中有「遠近法」的概念。人的眼睛，讓越近的東西看起來越大，越遠的東西看起來越小。因此，如果近處的臉孔較窄小，就不合乎「遠小近大」的認知，看起來就不太自然。

　　把Ａ線和Ｂ線之間較寬的一邊朝向對方，你的臉會顯得更自然、更美麗。

沒有比人的記憶更曖昧的了 —— 了解它就用不著害怕

所有的記憶都是後來建立的

檢驗你的記憶

從人的選擇性記憶可知，人記得的與其說是事實，不如說是印象。在算命的過程中也一樣，對說中的事印象越深，越容易忘記沒說中的事。

或許你會懷疑：「人的記憶不會如此不可靠吧？」那麼，不妨來做個實驗。

你昨天一定和很多人見過面，請你回想和其中某個人談話的情形。這個人不管是同事、情人或家人都可以，你還記得當時的情景嗎？請你回想周遭的情況，那是怎樣的場所？附近有什麼？

不過是昨天的事，我知道你一定能想起來，而且在你回想的影像中，應該看得到「自己的身影」，對吧？

也就是說，你是從第三者的觀點來回想的。

但是，請你仔細想一想，如果那個記憶是正確的話，你應該是「從自己視線所見的影像」來回想的，自己不應該進入畫

面才對。

可是你卻看到自己在影像中的畫面，這表示你的記憶並不是據實記錄，而是重新建立的。

記憶是在加工後，才回想起來的

這麼一想，你以為正確的記憶，是不是變得有點可疑了？沒有任何證據能讓你相信所記得的事真的發生過。

也就是說，記憶是「加工」後才回想起來的。而且，影響加工效果的，就是選擇性記憶。

讀心者就是依賴這種選擇性記憶，即使犯錯或做了錯誤的推測也不怕。他們知道，就算有八成說錯，只要有兩成讓諮詢者驚愕的準確率就綽綽有餘了，諮詢者心中還是會留下「一語中的」的印象。

因此，讀心者總是傾全力設法演出那兩成的準確率。

回想記憶的機制

曖昧

1 只蒐集經驗過的訊息。
2 把蒐集的訊息加工。
3 記憶是被加工後才回想起來。

即使說錯八成，但由於人的記憶是曖昧的，
所以只要讓對方經驗二成具有震撼效果的事，

就可以做任何有利的加工！

與難對付的上司愉快交往的方法

　　職場上總有難對付的上司。嚴重一點的，光是看到他的臉，就足以讓人失去工作的幹勁。

　　不過，即使和這樣的上司一起工作，也有保持愉快心情的簡單技巧。

　　那就是與上司見面時，想像著他戴上禿頭面具和貼上小鬍子的模樣，或者想像著他戴上米老鼠帽子或穿上少女服飾，總之任何稀奇古怪的裝扮都可以，只要有助於你發揮最大極限的幽默感，在腦中勾畫出上司看起來最可笑的蠢樣。

　　想像上司戴著禿頭面具斥責你，或穿著少女服飾對你口出惡言的滑稽模樣，應該可以使你自然而然地露出笑容。

　　越是討人厭的上司，越是能運用想像的落差增加「笑」果。

指出外顯的部分和相反的部分，對方就會打開心扉

何謂任何人都擁有兩張臉的矛盾心理？

任何人都擁有兩張臉？

「因為你看起來很直率，所以大家對你通常都沒什麼顧忌，就算是難聽的話也會直說。其實，有時候你是很容易被這種小事情打敗的，對吧？」

對看起來開朗、善於交際，又充滿活力的人說這段話，大多時候都「說中了」，甚至可以得到不少「第一次見面，竟然這麼了解我」的強烈反應。

人的心理本來就很矛盾，不用搬出矛盾心理（Ambivalence）這種專業術語就能知道，任何人都具有兩面性。例如，意志越強的人，不能稱心如意貫徹意志時的挫折感越大，越容易覺得自己意志薄弱。越溫柔體貼的人，越容易對別人的自私、遲鈍感到生氣，覺得對方是個壞蛋，然後又因此念頭而自責：「我真是太不親切了。」亦即，一個人某方面的個性特別顯著，相

反的另一面就同時強烈並存，以維持整體的平衡。

支撐冷讀術的矛盾心理

就因為任何人都具有這種兩面性，冷讀術才能發揮效果。亦即，從相反的兩面去評斷一個人，一定不會說錯。前面提到巴南效應的報告中，就有幾點出自這個特性。例如：

- 有時很外向，善於交際，與人相處和樂；有時又很內向，非常謹慎小心，深居簡出。
- 外表看起來好像很有自信，但內心也有煩惱或不安的一面。

就第一個例子來說，不論對個性外向或內向的人，都不會說錯。因為沒有人不管何時都是外向的，也沒有人任何時候都是內向的。指出這種矛盾的兩面性，讓對方覺得「啊！真是說中我啦！」推測就宣告成功了。

因此，讀心者只要嚴厲地說「你是個很好勝的人」之後，再說出反面的「但是，其實你的內心深處也擁有纖細溫柔的一面」，那就一定「很準」。

從諮詢者來說，讀心者看到了與顯露於外的自己相反的「另一個自己」。人總是期望有人能理解他被隱藏在深處的痛苦和矛盾。

你也擁有兩張臉

滿懷信心   膽小軟弱

人必然擁有相反的兩個面貌

說出與表面相反的部分，對方一定很震驚。

例：「你看起來好像沒吃過什麼苦，很快樂。
其實你克服了很大的困難，對吧？」

初次見面就說中對方至交的技巧

冷讀術有一個基本的技巧，可以說中初次見面者的至交是怎樣的人。如果你在聯誼活動上玩遊戲時使用這個技巧，大家一定都會佩服得五體投地。

祕訣就是，只要說出與那個人完全相反的特徵就可以了。

例如，如果那個人忠厚老實，你只要說：「你的好朋友很喜歡熱鬧，是屬於爽朗型的人吧？」就行；如果那個人好像具有領導力，你就說：「你的好朋友好像是比較老實、順從型的人。」很多時候都不會錯。

這個技巧並不只限用於性格，也適用於外表。如果那個人是短髮的女性，你就說：「妳的好朋友留著長髮吧？」說中的可能性也很高。

人在交朋友時大概都會選擇與自己個性相似的人，但要進一步成為「至交」，通常是與自己相反類型的人會比較契合。

這也是矛盾心理的表現之一。在我們的潛意識裡，都隱藏著與外在表現相反的自己，而人有把這個隱藏在潛意識裡的自己，選為至交的傾向。

使用冷讀術，在聯誼活動上大受歡迎

　　由於我從事電子業，很難在工作場合裡遇到女性，不得不到最容易認識女性的地方尋找機會。其中，我最常去的就是聯誼活動。

　　每次的聯誼活動，通常會有二十到三十位女生參加，所以與每個女生的交談時間，往往只有短短的二、三分鐘，而我必須想辦法在這麼短的時間內，給喜歡的女生留下好的印象。我想，如果談的都是「妳的興趣是什麼？」「假日都做些什麼活動？」諸如此類的話題，對方大概完全不會對我有印象，更無法建立彼此的信任關係。

　　正在煩惱不已時，我得知了冷讀術的說話技巧，簡直是大開眼界。

　　我滿懷期待，立刻付諸行動，結果效果真是好極了。

　　比如有一次，我在聯誼活動上對 M 小姐說：

　　「妳看起來好像有點冷淡，其實只有兩個人在一起時，妳非常溫柔。我想，妳對以前的男友也是這樣吧？」

「是啊，對喜歡的人，我都是全心全意的。」

「果然不出我所料啊。」

　　我看得出來，女生的反應都非常好，很快都被我所吸引，連眼神也變了。

　　即使在一對一的短暫相處中，由於應用了冷讀術，我也能與對方建立信任關係，幾乎每次都能成為情侶。

　　想來，以往的擔心是多餘的。

　　除了聯誼活動，在短暫而有限的時間內，必須讓初次見面的人信任自己的時候也不少。一般而言，無論怎麼竭盡誠意，都很難辦到。但在我使用了冷讀術之後，輕而易舉就克服了所有的困難。

　　自從使用冷讀術以來，我的人際關係變得很順利，我感到周圍的人變了，生活也變了。

　　現在的我非常快樂。

　　　　　　　　　　　（Ｍ・Ｎ，二十九歲，系統工程師）

Part 2

任何人都會使用！冷讀術的基本技巧

不知說什麼的時候，就從例行話題著手

順利交談的啟動方法——例行話題

大家都有相同的經驗？

　　如同前面介紹的巴南教授的假心理測驗報告，事實上是誰都適用的泛泛之詞，但因為被煞有其事地說出來，就讓人覺得好準，這就稱為「例行話題」。

　　也就是使用事先準備好的「可適用任何人的慣用語」，進行推測。冷讀術都是先使用例行話題來取得對方的信任。

　　以下介紹幾個可使用的例行話題。

　　「某某小姐，妳是那種對方高興會比自己高興還來得更重要的人，對不？」

　　「某某小姐，其實妳很在乎對方，但對方有時候會誤解妳的心意？」

　　「某某小姐，妳在戀愛中曾經遭到背叛？」

　　「某某小姐，妳在戀愛方面的直覺好像格外敏銳？」

　　「某某小姐，妳一旦喜歡上對方，為了迎合他的期待，有時會勉強自己？」

一邊營造出眞正感覺到對方心意的氣氛，一邊認眞地說，就可得到這樣的反應：

「啊！你怎麼知道？」

而且對方會以爲：

「這個人，或許眞能看見我的內心深處……」

而開始說起自己的種種。如此一來，一定會贏得對方的信任，使得交談順利進行。

例行話題是交談的入口

有些算命師是透過電話、E-mail 或寫信等方式進行推測，他們主要就是活用例行話題，即使沒有和諮詢者直接見面，也可以用最少的資訊，在某種程度上說中對方的事。

面對面進行推測時，如果找不到談話的引子，或缺乏推測的內容時，算命師也會使用例行話題來含糊其詞。

比方說，你房間放了每期必買但已停刊的雜誌、你左膝上有舊傷、你有一隻錶壞了但沒修理、你有過期的藥還沒扔掉、你家中有吱吱作響不好拉動的抽屜。

如果諮詢者是女性，就說：妳有一副耳環掉了一只，現在還留著另一只、妳衣櫃裡有買來但一次也沒穿過的衣服、妳以前留長髮現在剪短了……等等。像這樣的例行話題準確率都很高。

可以使用的例行話題

- 你曾經被信任的人背叛，正因為如此，你與人交往時多少保持著一段距離。你從經驗中學到，坦率地相信人未必是對的，有時候懷疑也是必要的。

- 你曾經因草率下決定而失敗，如果那時稍具耐心多等一下，情況會好得多。但是，失敗中學到的東西，對你來說也是珍貴的寶物。

- 從你工作的內容來看，你對現在的薪水感到不滿。你覺得沒有受到客觀且應有的評價。

- 家人的事令你擔心，多多少少帶來壓力。你已經做了一切能力所及的事，其他的就是力有未逮之處。這時候，讓時間來解決是最好的。

- 你是個直覺敏銳的人，即使才第一次見面，你也能馬上掌握那個人的性格。但是，有時因為過度敏感，知道對方的想法，反而不能輕鬆的交往。

- 你真是個感情豐富的人，但不善於表達。因此，有時會被人誤解或給人冷淡的印象。

- 你最近好像有經濟上的問題。

- 即使面臨危機，以為已經無望時，最後總會忽然出現貴人來相助。你過去的人生有好幾次這樣的經驗，經常受到貴人的保護。

- 朋友或同事常找你商量事情吧？你具有受人倚賴的特質。

- 你因為怕麻煩，有一點拖延該做的事的傾向。其實你擁有難得的實力，最好積極採取行動。

- 最近，你期待的事不能稱心如意地進行，以致有點沮喪。那些事比你想像的要更花時間，不要著急，最好耐心地做下去。

- 即使你想隱藏，依然看得出你暗自期待事情發展到最佳狀態。你的表情讓人感受到希望之光。

你也被說中了吧？

看穿對方心理弱點的技巧①

觀察對方把戒指戴在哪一隻手指上，就可看穿對方的心理弱點。

戴在大拇指的人，心中隱藏著某些不安。

戴在食指的人，心中感到某些恐懼。

戴在中指的人，心中壓抑著某些憤怒。

戴在無名指的人，有情緒不穩定的傾向。

戴在小指的人，心中感到緊張、壓力。

腦掌管手指的區域相當大，因此情緒容易顯現在手指上。也就是潛意識中想用飾品防禦心理脆弱的部分。

當然，如果你試圖保護而不是攻擊對方弱點的話，對方就會信任你。例如，對把戒指戴在大拇指的人，說些緩和不安的話，像是「放心吧」、「不用擔心呀」、「有事隨時可以找我商量」等等，效果會很好。

若要隨心所欲地操縱對方，就拚命使用
「是的組合」（Yes-set）

實踐！請如此使用例行話題！

「是的組合」是例行話題的真正任務

使用例行話題的推測，像是「你曾經被信任的人背叛」，就算真的被說中了，也沒什麼大不了，並不具有任何的破壞力。

但是，冷讀術是把例行話題累積起來。例行話題的重要任務，與其說是為了正確推測，不如說是為了建構「是的組合」，亦即使人表示肯定、同意之意。

從前有一種遊戲叫「說十次『Pizza』」，玩法是連續說十次「Pizza」之後，立刻指著手肘（日文發音為Hizi）問：「這是什麼？」對方會反射性地回答「Hiza（日文發音，膝）」。

由此可見，反覆做同樣的事，思考就容易導往那個方向。

這個原理稱為「渠道化原理」（Canalization Principle），也就是構築渠道讓對方做出肯定性的反應——想說Yes。

建立是的組合，就容易獲得對方的信任

例如談生意之前，不斷和對方寒暄「天氣相當暖和了」、「工作很忙吧」、「貴公司上週推出新產品了」等等。目的在於累積對方肯定的回答，如：「天氣變暖和了」、「托你的福，工作忙得很」等。

即使對方沒開口回答「是」、「沒錯」，只點頭表示，效果也一樣，只要能獲得肯定性的反應就行了。

透過累積肯定性的反應，對方心中就會建立一條肯定並接受你說的話的渠道。

例行話題的任務也就在此。雖然只是無關緊要的推測，諮詢者也會留下「這個算命師說得沒錯」的印象，接下來就會放心相信算命師的說詞，就算推測有偏差，對方也會試圖尋找說中的部分。

精神科醫師和心理諮商師也經常使用例行話題，只是話術稍有不同。人的煩惱和感受，在一般程度上並沒有多大差異。

通常，累積幾年的診斷經驗後，不論精神科醫師或心理諮商師，都會不知不覺建立一套自己的例行話題。

使用是的組合，打開對方的心扉

連續提出讓對方回答「Yes」的問題

「今天天氣很好呀」 > 「是的」
「天氣好心情就好」 > 「沒錯」
「天氣好心情就好」 > 「是啊」

是的，
是那樣的！

對方將會打開心扉，

對方開始把一切事情做肯定性的思考。

看穿對方心理弱點的技巧②

有助於
工作・戀愛
的小技巧

前面提到的戒指法則，也可以反向應用。既然情緒會明顯地表露在手指上，那麼藉著刺激手指，也能夠操控心理。

如果感到不安，按摩自己的大拇指，就會平靜下來。

如果感到害怕，握住自己的食指，就能稍微安心。

如果感到憤怒，拉拉中指就可抑制怒氣。

如果情緒不穩定，摸摸無名指就能安定下來。

如果感到緊張，按摩小指就能放輕鬆。

或者，刻意把戒指戴在對應的手指上，也是個辦法。對各手指的刺激會變成暗示，進而影響心理。

再怎麼高喊「沒有不安、沒有不安」，反而會更加不安，但是藉由刺激手指的暗示，就可以有效恢復心理的平衡。

算命師最常用巧妙的否定問句來抓住對方的心

許多算命師都使用的技巧──
否定問句

一定能夠說中的技巧

巧妙的否定問句（Subtle Negative），也是大家熟知的談話圈套。不管推測說中了沒有，都可以往「說中」的方向解釋。例如：

「難道（邊歪著頭說）──最近寵物沒有死嗎？」

「啊！你怎麼知道？上個禮拜金魚死了。」

在這種情況下，讀心者給對方的印象應該是：他好像憑靈感就看穿我失去金魚的悲傷，「這個人可真厲害……」第一回合就贏得信任。

但是，如果諮詢者的寵物還活得好好的話，怎麼辦？此時，就會是這樣：

「難道（邊歪著頭說）──最近寵物沒有死嗎？」

「沒有。我養的貓很健康，活得好好的。」

「（點點頭）是呀，那我就放心了。」

因為說的是「沒有死嗎」？所以也算是說對了。

那麼，要是根本沒有養寵物，那又該怎麼說？

「難道（邊歪著頭說）──最近寵物沒有死嗎？」

「不，我沒有養寵物。」

「（點點頭）是呀，你不是那種靠寵物來醫治自己的人。」

日常生活上也可使用巧妙的否定問句

日常生活上也能若無其事地使用巧妙的否定問句。例如：

「難道（邊歪著頭說）──最近沒有和情人吵架嗎？」

「啊！你怎麼知道？願不願意和我聊一聊？」

瞬間，就能讓對方覺得「這個人也許能理解我的煩惱」。

當然，即使沒有吵架，也絕不會尷尬。

「難道（邊歪著頭說）──最近沒有和情人吵架嗎？」

「完全沒有。我們相處得很好呀。」

「（點點頭）是呀，難怪現在氣色很好。」

重點就在於邊歪著頭邊說，營造一種「我不是真的那麼清楚」的氣氛，如果說中了，就會有強烈的影響力，即使沒說中，也只要點點頭說「這樣啊」就行了。

用巧妙的否定問句猜中公司名稱

「你不是在某某
公司服務嗎？」
（巧妙的否定問句）

對方的反應有以下三種情況

和某某公司完全沒有關係時

對方回答說：「不，我不是在那種大企業工作。」此時，讀心者就邊點頭（表示「果然如此」）邊說：「是啊！我曾經替某某公司的幾個員工算命，但沒有一個像你這樣擁有創造力的手相。你本來就不是那種在大企業中，舒舒服服翹二郎腿的軟弱型人物。」

然後，繼續談話就行。這種說法，雖然沒猜中，但也不算猜錯。

不是某某公司，卻是同業

雖然沒猜中，但也相當接近了。對方也許回答說：「同樣是IT產業，但不是某某公司。」此時，就邊點頭邊說：「是啊！我的確感受到活躍於IT業的強烈波動。」

如此就算說中了，而且得到了對方在IT業工作的訊息。

正任職或曾經任職某某公司時

這是完全說中。推測樣題（Sample Reading）教人接著這樣說：「啊，果然不出所料。這就是在某某公司那種大企業發揮實力的人的手相，是在大舞台活躍的人的手相呀。」

⬇

沒有說中也不成問題，但若說中，對方馬上就會相信你。

把談話導向你的目標的技巧

有助於
工作・戀愛
的小技巧

交談之中，許多人不知不覺地就犯了錯誤。比方說：

「還是價錢便宜的比較好。」

「是的。但是安全性的考慮也很重要。」

「是的。但是……」、「我知道。但是……」等，先肯定對方，隨即又回頭說「但是」的說法，屢見不鮮。

這種說法最大的問題是，你以為你是在肯定對方，但是對方卻會覺得你是在全面的否定他。因為「但是」這個詞，就表示否定前面的而強調後面的語句（請參考頁173）。

像這種情況，改為如下的說法就行了。

「還是價錢便宜的比較好。」

「是的。而且對安全性的考慮也很重要。」

也就是說，不要用「但是」，而改用「而且」來連繫前後的語句。

即使語意上聽起來有些勉強也沒有關係，因為生活中的談話，本來印象就比文法的正確性重要。

使用故弄玄虛的巧妙的否定問句，立即吸引對方

實踐！
請如此使用巧妙的否定問句！

使用巧妙的否定問句的訣竅

就某種意義而言，巧妙的否定問句就是在故弄玄虛。

「難道不是……嗎？」

「人家不是說你是……嗎？」

「對於……，你不是心裡有數嗎？」

「……這種事，不是你的事嗎？」

「……這種事，都是我神經過敏吧？」

「……這種事，從沒有發生過嗎？」

「……這種事，你沒有察覺到嗎？」

讀心者巧妙使用這些句子，只要猜中一項，在選擇性記憶的作用下，不但能給人留下深刻的印象，也能立刻博得諮詢者的信任。

吸引對方的魔法質問

我自己剛學習這種巧妙的否定問句時，曾經懷疑是否有人會受騙。但是，經過實際的實驗之後，發現它的效果相當大。

舉個簡單的例子。我曾經對十幾位女性做過實驗，第一次見面，我一定歪著頭，裝著有點無法理解的樣子問：

「嗯……妳不是左撇子嗎？」

幾乎每一個人都毫不猶豫地明確回答說：「不，我慣用右手。」我聽了只說：「是這樣呀。」並點頭表示同意。然後，就繼續進行談話。

至今還沒遇到有人反問我：「為什麼那樣問？」即使真有人問，只要回答說：「呀！很奇怪，最近遇到的人都是左撇子，想不到今天不一樣。」就行了，一點也不會影響後面談話的順利進展。

萬一對方真是左撇子，可就不得了，她們幾乎都會大叫：「你怎麼知道？」之所以針對女性做這個實驗，是因為她們被猜中時的反應特別激烈，其驚訝的程度有時反而會嚇到我。

有位女性最讓我印象深刻，到現在都還忘不掉，因為她當時已改用右手，但以前的確是左撇子。聽到我問這句話時，她甚至嚇得從椅子上跳起來逃之夭夭。她說：「連那麼久以前的事都知道，真是可怕！」不過，我倒不清楚她所謂的「那麼久」，究竟是多久。

冷讀術

你是「左撇子」？

使用巧妙的否定問句的遊戲

問對方：「你不是左撇子嗎？」

① 不是左撇子時
「呀！很奇怪，最近遇到的人都是左撇子，想不到今天不一樣。」

② 是左撇子時，立刻就能吸引對方。

連續不斷地使用巧妙的否定問句，
使交談熱絡起來。

只要猜中一項，你就能掌握對方的心。

猜測對方慣用右手或左手的技巧

有一個方法，一眼就能分辨出初次見面的人是左撇子還是右撇子，這也是冷讀術的慣用手段。

那就是觀看對方的領帶。慣用右手的人，領帶的三角結的下方尖角，往右邊傾斜；而慣用左手的人，則往左邊傾斜。

看到對方領帶的三角結往左邊傾斜，你就告訴他：「你是左撇子。」對方會驚訝地問：「你怎麼知道？」

如果對方領帶的三角結往左邊傾斜，但卻不是左撇子，那又是什麼意思呢？這表示領帶極有可能是別人替他打的。

因此，如果你看了領帶之後判斷：「你是左撇子？」而對方答說：「不，我慣用右手。」你可以立刻再度出擊說：「這樣啊……那麼，領帶是別人替你打的囉？」這一次猜中的可能性會很高。

對方也會對你的觀察力很感興趣。

想知道對方的內心、對方的訊息時
使用的質問技巧

套出對方訊息的技巧——
巧妙質問法

讓對方不知不覺地洩露訊息

所謂「巧妙質問法」，就是若無其事套出諮詢者訊息的方法。

比方說，若是你直接問對方：「你住在哪裡？」對方肯定會提高警覺，猜想：「幹嘛問這個？好像變態的跟蹤者一樣。」

但是，你若問他：「你住在世田谷區？」對方通常會毫無戒心地回答說：「不是，我住在杉並區。」

先說出一個明確的答案，讓對方來更正，就能順利套出真正的訊息。

原因是人對於別人說錯的事，都會想去訂正，意識就不容易轉向懷疑為什麼要問這個問題。

當然，如果對方真的住在世田谷區，他不是回答「是的」，

就是回答「你怎麼知道」，而且一定會萬分佩服你的功力。

無論如何，你總會達到目的。

不使人發覺那是在提問

巧妙質問法就是一種「不讓對方發覺那是在提問」的提問技巧。

例如問對方：

「剛才，妳的記憶闖進了我的腦中，我看到妳很害怕動物的模樣……妳是否想起了一些事？」

先提出「害怕動物」這種任何人都可能有過的經驗，再問「妳是否想起了一些事」，就能誘使對方說出具體的事實。

「……是為什麼呢？」

「……的意思，懂嗎？」

「……是怎麼一回事？」

「對於……是否想起了一些事？」

「……對不對？」

「……有什麼重要的意義？」

「所謂……究竟是什麼？」

利用這些問句而不要直接打聽，就是巧妙質問法。因為直接發問，要是弄錯了，便會失去可信度。

別直接打聽，對方才會答話

想打聽對方的住處時，若
直接詢問，對方會有戒心

✗ 「妳住在哪裡？」

○ 「妳住在世田區嗎？」
　（巧妙質問法）

「不，我住在杉並區。」

利用人會想訂正被別人說錯的心理。

平息緊張、憤怒的技巧

感到緊張、憤怒、壓力等負面情緒時，即使想鎮靜下來也很難如願，這是因為你置身於不對的場所。

一般人都以為，心在身體裡面，其實這種想法是錯誤的，反而應該說，身體在心裡面。

請你把身體當作圓心，用想像力畫出一個半徑約一‧五公尺的空間，把這個空間當作你的心，然後，再想像那空間裡混亂的空氣，逐漸穩定沉澱下來。

就像倒進杯子的混濁泥水，放置一會兒後，泥土漸漸沉澱下來，水就變得清澈了。圍繞在你身體周邊空氣中的不安、壓力、憤怒等，也漸漸沉澱下來。

想像的時候，閉上眼睛或睜開眼睛都可以。不要小看這種想像，只要認真做，就能實際感受到效果。

使用巧妙質問法，套出對方的嗜好或手機號碼

實踐！
請如此使用巧妙質問法！

最適用於想與初次見面的對方親密交往時

在舞會或聯誼活動裡，想和第一次見面的人進一步交往時，大體上都會拚命從尋找共同的話題開始。因為雙方如果有共同的興趣與朋友等等，就不愁聊不下去了。

那麼，怎樣尋找共同的話題呢？當然，像連珠炮似地問些「你的興趣是什麼？」「假日都做什麼？」「聽哪一種音樂？」「喜歡運動嗎？」這麼泛泛的問題，也是可以找到一些連結點。但是，你不覺得稍欠優雅、顯得太猴急了些嗎？

其實不妨好好活用巧妙質問法。

「妳看起來好像喜歡黑人音樂？」

「啊？是嗎？其實我平常喜歡聽 Mr. Children 樂團的音樂。」

「哦，我也很喜歡，還買了新專輯喔。」

「哇，太好了！」

這種問法遠比直接問「妳喜歡什麼音樂」自然。對話中你完全沒有提出企圖蒐集資訊的問題，不會給人在試探的印象。因此，對方也會毫無戒心地說出了自己的喜好。「萬一」對方剛好真的喜歡黑人音樂的話，那可是意外地大成功。

「妳看起來好像喜歡黑人音樂？」

「哇！好厲害！你怎麼知道的？」

「我也很喜歡他們的音樂，所以可以感覺得出來。」

「你都聽誰的？」

只要使用巧妙質問法，就不會給人「這個人拚命想尋找共同點」的印象，還可以問出你需要的資訊，請務必試試看。

使用巧妙質問法，也可輕易打聽出對方的手機號碼。

「上次見面時，妳好像告訴過我妳的手機號碼？」

「啊？嗯⋯⋯好像沒有呀。」

「這樣啊，那麼，請妳告訴我吧！」

「嗯。××××××××××」

故意弄錯，可降低對方的警戒心，覺得告訴你電話號碼是很自然的。

如果想從對方口中套出訊息，直接問是不行的。有效的做法是，特意吐露某些資訊，正確與否都沒關係，表現得好像只是要和對方確認似的。這就是巧妙質問法的功效。

面試時也可以使用巧妙質問法

●貴公司好像在尋找有豐富業務經驗的管理人員？

（用巧妙質問法試探對方尋找的人才。猜中的話，你就立刻強調「那正是我最適合的職位」。）

「喔，你知道這件事？是還沒有決定，但是業務出身的管理人，似乎比技術出身的適合本公司的體質。」

「啊，果然如此。因為貴公司以業務能力強聞名，即使是管理職，也一定需要像我一樣有豐富業務經驗的人才。」

●貴公司好像在尋找有豐富業務經驗的管理人員？

（用巧妙質問法試探對方尋找的人才。沒有猜中也不成問題，你可以按照下面的方式繼續說下去。）

「不，業務經驗雖然重要，但實際上比較急需企畫管理人員。」

「啊，果然如此。應徵項目上雖然沒有寫，但像貴公司這種快速成長的企業，像我這種有企畫管理經驗的業務人員，一定比僅有業務經驗的人更適合。」

「喔，你有企畫管理的實際成績嗎？」

「嚴格來說，也許不能說是企畫管理，但我曾經擔任新進業務人員的教育規畫。」

使用巧妙質問法，可輕易套出對方的訊息。

從筆跡看穿對方性格的技巧①

有助於
工作・戀愛
的小技巧

即使是因為意外事故，不能用手而學會用腳趾頭拿筆寫字的人，也會表現出和用手寫字時一樣的習慣。因為與其說人是用手寫字，不如說是用腦寫字。也就是說，人的筆跡會如實地顯露出你的潛意識。

寫的字左邊略微往上，亦即稍微往右傾斜的人，屬於「感情型」。而且往右傾斜的幅度越大者，感情越豐富。在本書中稱為「We型人」（請參考PART3）。

反之，寫的字右邊往上，亦即稍微往左傾斜的人，屬於「理論型」。可判斷為有抑制感情的傾向，在本書中稱為「Me型人」。

寫的字既不偏右也不偏左，完全像方正鉛字般的人，是超乎必要的謹慎而過度壓抑自己的人，幾乎不會對別人敞開心胸。

雖然本人完全沒有意識到，但不管在什麼情況下，性格都會清楚地顯露在手寫筆跡上。

「擴大／縮小」說話術

把沒說中變成說中的技術——
擴大／縮小說法

把沒說中變成說中的說話策略

冷讀術是一種即使推測錯誤，也可以轉變成說中的技巧。

「最近，你健康上好像有點問題？」

「沒有啊，我非常健康……」

「真的？心理健康方面不是有些失調嗎？」

「啊，是的。事實上，新工作是有些壓力……」

也就是說，把健康擴大解釋到「精神健康」，這是利用擴大（Zoom Out）說法。

「從妳的口氣中，感覺到妳有人際關係的麻煩。」

「是的，不過現在沒什麼問題……」

「現在當然沒有問題，因為已經克服了。但是，過去曾因與難對付的人的關係而苦惱？」

「是的。在以前的公司曾遭到老闆的性騷擾……」

這是縮小（Zoom In）說法。也就是藉由把「人際關係的麻煩」縮小到「過去的麻煩」，若無其事地逃避沒有說中的方法。

下意識地使用擴大／縮小說法

前面說過，對說中的印象越深刻，越會忘記沒有說中的，基於這樣的心理作用，使用擴大／縮小說法，就可以把事情說中。在日常生活上，我們也常不經意地使用擴大／縮小說法。

「明天有工作，所以不能見面……」

「什麼？你忘記明天是我的生日？」

「當然知道呀！不過要午夜過後才能帶禮物給妳。」

「啊，深夜的約會。太好了！」

也就是說，把「明天」縮小解釋為「午夜十二點為止」，就可以擺脫困境了。

而要從籠統的推測逐漸縮小範圍時，就可使用縮小說法。

「人際關係有問題？」「是的。」

「是女性問題吧？」「是的。」

「和戀愛有關？」「不……」

「那是年長的女性？」「是的。是公司的上司……」

「我知道了。和她處不好，對吧？」

「是的，是個很難取悅的人……」

如此逐漸縮小推測的範圍，慢慢就會逼近核心。

擴大／縮小說法

擴大說法 擴大說詞的意義就會「說中」。

例：「你最近好像為錢的問題而煩惱？」
「沒有啊，我今天是來問健康的問題……」
「但是，健康惡化下去，身體虛弱到無法工作，
在這層意義上，我覺得金錢才是問題。」

縮小說法 縮小說詞的意義就會「說中」。

例：「現在是非常艱困的時期，對吧？」
「不會啊！現在情況還好。」
「不，最辛苦的運勢就快要到了。你可能
還沒有察覺到，大約從下個月開始……」
「這麼說，我最近……」

從筆跡看穿對方性格的技巧②

　　人的筆跡會如實地顯露潛意識。

　　給一張全新的紙，請對方在上面隨意寫些字。不論寫什麼都可以，例如自己的名字。

　　寫的字和內容都無關緊要，實際上要觀察的是，對方把字寫在什麼地方。

　　字寫在紙上方的人，性格積極；寫在越下方的人，性格越消極。

　　寫在偏右方的人，是未來取向的人，經常思考將來的事。寫在偏左方的人，有拘泥於過去的傾向，是屬於做任何事都以過去經驗為基礎的類型。

　　如果是混合型，例如字寫在偏右上的人，可視為朝向未來、懷抱希望的行動型；偏左上方的人，是屬於積極但不太敢冒險型；寫在右下方的人，可說是可以預測未來，但內心感到不安型；寫在左下方的人，則是沒有自信，不太願意挑戰新事物的類型。

以擴大／縮小說法套出對方的心情、煩惱

實踐！
請如此使用擴大／縮小說法

猜中對方煩惱的技巧

　　通常會向算命師求助的人，多半是遇到了煩惱或難題，希望求得建議或答案。因此如果算命師沒有完成這個功能，就算使用例行話題說中諮詢者的性格或現狀，也不具多大的意義。因為算命師存在的價值，就在於提供困境的解答。即使只是一般人，如果能一語道破對方的煩惱，對方也會打開心扉。

　　但是，算命師總不能大剌剌地探問諮詢者：「你要問什麼事？」因為既然號稱通靈、洞悉天機，總不能連對方在想什麼都不知道吧！

　　就諮詢者而言，自己什麼都沒說，煩惱卻被一語道破，擁有這種功力的算命師，才是值得信任的。

　　那麼，該怎樣做呢？

煩惱只有四個範疇

其實，人生所有的煩惱、痛苦，都不脫下列的四個範疇。

· 人際關係

· 金錢（包括一切的富足）

· 夢想（目標）

· 健康

例如，工作上所有的問題，都可以歸類到「金錢」、「人際關係」、「夢想（目標）」三個範疇裡：遭到裁員，正在找新工作，和「金錢」有直接關聯；和新上司的個性不合，可說是「人際關係」的問題；因為不知是否該換工作而猶豫不決，就是和「夢想（目標）」有關。

如果是感情的問題，當然適用「人際關係」的範疇；如果是在工作或戀愛中左右為難，就和「人際關係」和「夢想（目標）」都有關；如果是同居人不想工作，死皮賴臉地要錢，像個吃軟飯的，那麼「金錢」也是重大的問題。

如果是最近心情消沉，提不起幹勁，就是「心理健康」的問題，因此而無心工作，就與「金錢」有關；如果是對什麼都失去興趣，提不起幹勁，便和「夢想（目標）」有關。

看出來了嗎？幾乎所有的煩惱、疑惑，都適用於這四個範疇中的一個。因此讀心者只要使用「擴大／縮小說法」，推測出主要煩惱是歸於哪個範疇，再逐步進行試探。

使用冷讀術打聽對方的煩惱問題

人的煩惱只有四種

人際關係　　夢想　　金錢　　健康

猜中對方煩惱的技巧

「好像……有人際關係的問題？」

「不是，我現在是被經濟問題所苦。」

「（微微表示驚訝）這個問題和別人完全沒有關係嗎？（擴大說法）」

「沒關係。」

「金錢本身不是罪惡，你深入想想就會發現，錢的問題也是出於人啊！對不對？」

「的確如此。我這次會發生問題，就是因為太輕易聽信朋友的話了。」

這個例子，先丟出「人際關係」來試探，但是，諮詢者的煩惱卻是「金錢」，因此就把「人際關係」擴大解釋為「雖然是金錢問題，但和別人有關連吧？我想這才是真正的問題所在。」用這樣微妙的差異來解釋。

從筆跡看穿對方性格的技巧③

有助於
工作・戀愛
的小技巧

　　前面提到，從字的傾斜方向和寫在紙上的位置，可以推測對方的性格，而從寫字的速度也可以推測對方的心理。

　　如同我們常說的，「見微知著」，僅僅從一個人的小動作，就能看出那個人的性格；只要看字的寫法，就能相當準確地推測一個人的工作方式。

　　字跡潦草而且寫字速度很快的人，工作也很快，難免就有些馬虎粗糙的地方，但那是因為他認為「大略做好後再修改細節就行了」。這類型的人，適合做一貫作業的工作，對需要精雕細琢的工作就會感到不耐煩。

　　寫字謹慎而慢的人，工作時也會一步一步邊確認邊進行。他會非常仔細、孜孜不倦地工作，然而一旦被催促加快速度時，就不能發揮原有的水準，甚至幹勁全失了。

　　把這兩種人混合編成一組，正好可以發揮互補的功能，快速做完之後，再仔細確認，讓工作順利完成。

告別前給個不會不準的預言，對方就能任你操控

絕對不會不準的──巧妙的預言

任何人都會用的巧妙的預言（Subtle Prediction）

如果讀心者只說中過去或現在的事，你難免會懷疑他「說不定事先偷偷地調查過了」。但如果是預測未來的事，而且真的應驗了，你是不是對讀心者的信任會更加強？

事實上，使用冷讀術的技巧可以做出「絕對不會不準的預言」。你相信嗎？

當然，世上沒有絕對會說中的預言，但是，絕對不會不準的預言卻是有可能的。例如：

「妳的身邊有個愛慕妳的人，一直不敢向妳表達心意。不過，這回他似乎下定決心要向妳告白了。」

如果身邊恰巧有那樣的人，而剛好在下個月左右告白，這個預言就說中了。

即使身邊根本沒有任何愛慕者，但要如何證明這個預言不準呢？

畢竟，妳並不知道那個人是誰，也許那個人這回還是沒有

勇氣，所以打消了告白的念頭。總之，妳根本沒有證據可以斷定這個人不存在。

也就是說，只有在剛好說中時，才能判斷那個預言的真假。

因此，雖然不見得絕對說中，但絕對不會不準。而且，很多人即使被預言的事沒有發生，也不會察覺；但是，當預言的某件事被說中時，就會強烈的意識到「那個預言說中了」。

也就是說，選擇性記憶在這裡承擔了任務。

說中將來的震撼

「只要多加注意的話，下個星期左右，你會遇到帶來好運的人。」

就算下個星期根本沒有碰到任何一個能帶來好運的人，也只能說你沒有注意到而已。如果剛好遇到的話，你就不得不因讀心者的預言成真而感動。

「絕對不會不準的預言」的機制

巧妙的預言

做範圍廣大、只有說中時才察覺到的預言。

例

「近期內，會有好一陣子沒有聯絡的人
突然和你來往。你要珍惜那個人才好。」

「近期內」，也許是一個星期內，也許是幾
個月內。如果是失聯三十年的人，幾年內也
算是「近期內」。（範圍廣大）

「好一陣子沒有聯絡的人」，如果交情好
的話，一週也算是「好一陣子」。

「來往」，電話、E-mail、賀年卡、突然相遇
等都算。（範圍廣大）

試探對方隱藏的不滿的方法

有助於
工作‧戀愛
的小技巧

　　送禮物給情人，當她滿懷希望地打開包裝後，表情卻突然一沉，不過馬上又歡喜地說：「哇！好高興！」

　　就算你問她：「是不是已經有了？」她也不正面回答，只是一味地說：「嗯，太高興了。」

　　像這種情況，有個方法可以打聽出對方到底哪裡不滿意。

　　就是過一會兒後，若無其事地問她：「最近，是不是有什麼令你失望的事？」

　　假如她回答：「是啊！獎金太少了。」由此可以推知，她認為你剛才送她的禮物，「超乎想像的便宜」。

　　雖然她認為太便宜了，但因為不想被你當作貪婪的女人，所以就把不滿的心情強自壓抑了下來。

　　壓抑下來的心情，就和壓進水中的球一樣，一直等著浮上來的機會。一旦聽到你的提問，那份不滿之情不知不覺就會浮現出來了。

　　藉著問別的問題，就可以打探出對方隱藏的心情。

先從容易說中的預言著手，
如果目標是大的東西，就要累積預言

實踐！請如此使用巧妙的預言

容易說中的預言

巧妙的預言是讓人相信他能夠預知未來的圈套。

下面舉的例子具有範圍廣、容易說中；即使沒有說中，也無法證明沒有說中；符合對方心願，並受好評等效果，請務必使用看看。

「近期內，應該會有……事。」

「今後……就會步入坦途。」

「A 先生會把……偷偷告訴你。」

「這星期內應該會突然遇到名叫 B 的人。」

「你身邊的人應該很快就……。」

「請多注意……。」

壞的讀心者會累積巧妙的預言

不懷好意的讀心者，爲了確立信任感，會使用放長線釣大魚的手法。他最後想「搶奪」的東西越大，就願意花越長的時間運作。

假設有個算命師分別爲十個人算命，而且在推測過程中都設置了巧妙的預言，結果十人當中說中了六人，那麼這六個人遲早會再回頭來找他算命的。

然後，在爲這六個人推測的過程中，再度設置巧妙的預言，並且做出比上次更大膽一點的預言。如此一來，雖然沒有說中的可能性會稍微提高，但無形中也會增強說中時的震撼。

再假設這六人當中說中了三人，這三人對於連續說中他們未來的算命師，一定相當欽佩。此時，算命師再爲那三人做出風險更高的大膽預言，而且假設完全說中其中一人。

連荒唐的預言也會相信

最後剩下的那個人，會如何看待整件事情呢？

找這位算命師算了三次命，每一次的預言都應驗了，而且一次比一次更具體，你很難不繼續相信他下一次的預測，甚至連「你不買這個茶壺，就會遭遇到嚴重的意外」這麼荒唐的預言，也會深信不疑了。

騙子們慣用的伎倆

第1階段
對十個人設下巧妙的預言的圈套

說中六人

第2階段
對六個人設下巧妙的預言的圈套

說中三人

第3階段
對三個人設下巧妙的預言的圈套

說中一人

強賣高價物品

展現自信的技巧

這是一種內心雖然不安，外表卻依然能展現自信的技巧。

方法很簡單，只要把徒勞無益的活動抑制到最小程度，所有的動作都盡量放慢就行了。

人在下意識中，總會覺得越是從容不迫的人，等級越高。上班族就是一個例子，匆匆忙忙到處奔波的人，職位一定較低。因此，只要把動作放慢，就可以營造出有自信的氣氛。

例如抽菸時，把香菸慢慢送到嘴裡，先吸一下再點火。抽的時候不要一口接一口，中間稍微停頓一會兒，讓煙霧慢慢地飄散。

只要觀察戲劇裡的黑幫老大就知道，他們的動作一定是從容不迫，沒有一點多餘的小動作。

走路時也一樣，只要注意步伐，盡量慢慢地、大步地走，就會感覺到自己逐漸變得穩重和有自信。

透過本身的行動，你的潛意識就會理解「我是個有自信的人」。

使用冷讀術，打開了難以對付者的心扉

　　我有一位病人，經常被社福人員批評：「不好相處，過度謹慎小心，神經質。」

　　當事人似乎也有自覺，所以不時會說：

　　「因為我可以馬上看穿對方的想法，所以大家都避著我。」

　　「我知道你們都說我不好相處，對我敬而遠之。」

　　工作人員勸她做復健，她卻說：「你們總是說『做得到，做得到』，說得倒輕鬆，哪裡知道我使盡吃奶的力氣，也只能走幾步而已。」始終不肯積極去做。

　　這位女性屬於「Me型人」（請參考PART 3），所以跟她談話時，要注意經常保持讓對方優先選擇的態度。比方說：

　　「妳的身體妳自己最清楚不過了。不要勉強，能做多少就做多少。」

　　「沒有人能做到滿分的。」

　　由於Me型人對於「我的事自己最清楚」的想法，比別人更強，我為了取得她的信任，自然非常尊重這一點，也使用許多

例行話題，比如說：

「妳很能掌握自己，對於無法理解的事無論如何也不願去做，但一旦理解了，就會很有耐心的完成。」

「妳能洞悉對方的念頭，也因此很難與人相處。」

「其實妳的感情比別人豐富，有時候太過老實，也很會照顧別人，對不對？」

「有時難免被別人誤解……但從妳的言談中，我可以感受到妳的真情流露。」

最後看著她的眼睛說：「對不起，不管怎樣，我只想把這些話告訴妳。」

這時候，她的眼睛簡直可以叫做閃閃發亮。

像這種覺得自己被刻意疏遠，或被人批評難相處的人，一旦遇到理解她的人，會感到無比的高興。

我深深感覺到冷讀術的效果。

（k・J，三十歲，針灸推拿師）

Part **3**

你是哪一型的人？
We 型或 Me 型

血型、星座都已經過時了
最佳性格判斷法──We／Me型

只要知道分類，就不會有溝通上的煩惱

人可分爲兩種類型

　　爲了了解人的性格，我們習慣將人分類，找出共同特質。比如說用星座、血型，或是心理測驗。

　　舉個例子來說，如果你知道對方的血型是Ａ型，就說「你看到神經遲鈍的人就會感到不安」或「你是個一絲不苟的人」，十之八九都會猜中。還有人使用以榮格的性格類型論爲基礎的性格檢查法（MBTI，Myers-Briggs Type Indicator），或是按體型把人分爲瘦長型、健壯型、肥胖型的雪爾頓（Sheldon）體型分類法（Somatotype）。

　　讀心者看到諮詢者的第一眼，就大致可以判斷對方的性格。當然，讀心者沒有時間做心理測驗，也沒有管道知道諮詢者的星座或血型。那麼，他們是如何辦到的呢？以下，就介紹

冷讀術使用裡最簡單的性格分析法──We／Me型。這種分類法是以南加州的催眠治療師約翰．卡帕斯（John G.Kappas）提倡的E／P型理論爲基礎所構成的。

我把E／P型理論活用於精神療法已經有很長的時間，在實行過程中，有幾個獨特的發現，尤其是從外表區分E／P型的方法和身體特徵方面，大半都脫離了卡帕斯的理論。爲了避免混亂，我把類型的稱呼從E／P型改爲We／Me型。

單純分爲We／Me型的理由

談到We／Me型，不免會有人反駁我：「人是很複雜的，不可能用兩種類型就說明清楚。」

但是，從戀愛這件事來看，人只有男和女這兩種性別，是否就可因此認爲男女間的戀愛是簡單的呢？當然不是，再沒有比戀愛更複雜的事了。

如果認爲We／Me理論，只能做膚淺的分析和表面的推測，那就是成見了。

人可分為兩種類型

Me 型
以「我」為中心思考

We 型
以「我們」為中心思考

你屬於哪一種類型？
請你做 126～127 頁的檢驗表看看。　➡

自然拿出合約的技巧

有助於
工作・戀愛
的小技巧

　　買賣洽談到最後，要拿出合約請對方簽署時，賣方的動作往往過於突兀，因而讓買方感到氣氛不對勁，甚至引起反感。

　　在此，教你一個可以自然而快速出示合約的方法。那就是，從對方看來是由左往右（從你這邊是從右往左）的方向，快速拿出合約來。

　　僅僅是這個動作，就能讓合約的出現感覺很自然。

　　這是因為人對於東西從左往右的移動感到自然，反之就會感到突兀。例如戲劇的演出，當演員登場時，都是從左往右移動，除非是飾演反派角色。因為由右往左走，會稍微引起觀眾的反感，剛好符合反派角色登場的氣氛。

　　因此，如果你要送情人禮物，反倒應該從對方看起來由右往左的方向拿出來，這個舉動可以讓情人感到更意外與驚喜。

你是哪一型？
判定 We／Me 型的測驗

「你是哪一型？」的檢查測驗

從以下的測驗中，可以判定你是哪一型。

請在適合自己的答案上打圈（○），無法判斷時，請想一想：「如果硬要選的話，會選哪一個？」如果還是無法作答，女性就選「A」，男性就選「B」。

問題 1

兩手交叉互握的時候……

A · 左拇指在上面

B · 右拇指在上面

問題 2

和人並肩行走時，對方在哪一邊會讓你覺得比較輕鬆？

A · 你的右手邊

B · 你的左手邊

問題 3

身體的哪一邊比較容易受傷？

A · 左半身

B · 右半身

問題 4

小時候是否會向父母吐露自己的心情？

A · 據實以告

B · 不會說

問題 5

小時候父母的朋友會不會來家裡？

A · 常常來

B · 不常來

問題 6

如果養寵物，你會養狗或貓？

A · 狗

B · 貓

問題 7

陷入困境時……

A · 希望有人聽你說話

B · 希望一個人靜一靜

問題 8

與小孩子（自己的孩子除外）在一起時⋯⋯

A‧非常喜歡

B‧感到棘手

問題 9

對於在團體中發言⋯⋯

A‧不會抗拒

B‧因為會緊張，所以盡量避免

問題10

被介紹給朋友的朋友時⋯⋯

A‧很快就能融洽地輕鬆交談

B‧過度在意對方不知如何評價自己

問題11

排便狀況⋯⋯

A‧有便祕的傾向

B‧有腹瀉的傾向

問題12

你的朋友人數？

A‧很多

B‧很少

問題13

不知如何是好時⋯⋯

A‧先行動再說

B‧慢慢思考，理解之後再行動

問題14

如果要參加體育活動，你會選擇⋯⋯

A‧團體比賽

B‧個人比賽

問題15

和情人⋯⋯

A‧在人前還是照樣親熱地談情說愛

B‧只有兩個人時才會親熱地談情說愛

判定結果

請比較一下 A 和 B 的數目。

A的數目較多，

你是──We型；

B的數目較多，

你是──Me型。

數目的差異越多，該型的傾向越強。例如，如果A有十二個、B有三個，表示We型傾向很強；如果A有七個、B有八個，可視為溫和的Me型。

127

可以從髮型、服裝、體型來判斷

從外表區分 We ／Me 型

We 型人稍胖？

判斷一個人時，總不能特地請他做測驗。不過，光從外表來觀察，某種程度上也能區分出屬於 We 型或 Me 型。

We 型人通常服裝比較華麗，與人相處輕鬆愉快，在公眾場合也敢大聲說話。體型比較健壯或豐滿，至少也是中等身材，真正瘦的人並不多。

這類型的人，包包有背在左肩的傾向，重心多在左腳，受傷的部位也大多在左半身。在會議室、電影院等場合裡，大多坐在靠左邊的座位（從本人來看）。兩個人並行或並坐時，喜歡對方位於自己的右手邊。為使右前額顯得寬闊，頭髮的分線傾向於右邊（從本人看來）。

Me 型人身材苗條？

Me 型人比較喜歡傳統而樸素的服裝。與人在一起時，不喜

歡太靠近，總會保持一點距離。身材苗條、瘦高，且脖子長的
人很多。

　　這類型的人，包包有背在右肩的傾向，重心多在右腳，受
傷的部位也大多在右半身。在會議室、電影院等場合裡，大多
坐在靠右邊的座位（從本人來看）。兩個人並行或並坐時，喜歡
對方位於自己的左手邊。為使左前額顯得寬闊，頭髮的分線傾
向於左邊（從本人看來）。

髮漩的旋轉方向不同

　　或許你會有點驚訝，Me 型和 We 型的人，髮漩的旋轉方向
竟然相反；Me 型人往順時鐘方向旋轉；We 型人往逆時針方向
旋轉。

　　因此，從一個人的前髮分法，就可以判斷出他的類型。順
著髮流分線時，Me 型人的左額頭會露出來；We 型人的右額頭
會比較寬闊。當然，髮型能自由改變，不能光由這點來判斷，
只能做為參考重點之一。

　　由此可見，Me 型和 We 型的人，其特徵宛如鏡中的顯影。

從外表區分類型的重點

	We 型	Me 型
站立位置	對方位於自己的右手邊	對方位於自己的左手邊
頭髮的分線	右分（露出右額頭）	左分（露出左額頭）
聽見細微的聲音時	以右耳傾聽	以左耳傾聽
視線	（從本人看來） 多往右移動	（從本人看來） 多往左移動
走路時	右手擺動的幅度大	左手擺動的幅度大
手拿包包等	拿在左手	拿在右手
重心	左	右
兩手交叉時	左手拇指在上面	右手拇指在上面
眨眼睛時	閉左眼	閉右眼
在教室或電影院 等場所的座位	（從本人看來） 坐靠左邊的位子	（從本人看來） 坐靠右邊的位子
手寫的字	字的左側朝上	字的右側朝上
服裝	喜歡華麗的服裝	喜歡一般的衣服
眼神交會時	多、長	少、短
和初次見面者的距離	伸手就可觸及的距離	伸手碰不到的距離

有效進行商品說明的技巧

有助於
工作·戀愛
的小技巧

　　We／Me型的觀點，也可以應用在工作上的商品說明時，參加者全是第一次見面的人，尤其特別有用。

　　We型人在會議室裡，喜歡坐在左邊（從本人看來），Me型人喜歡坐在右邊。從主講的你看來，面對你靠右邊坐的人，屬於We型，靠左邊坐的人，屬於Me型。

　　也就是說，在說明活動時要訴諸感性的話術，像「客戶一定會被這個商品感動」，就面向右邊的人說；而要講理論時，像「這是去年之前所有業績的數據」，就面向左邊的人說，這麼做得到的效果最大。

　　如此一來，可以讓全部的參加者都留下好的印象。

打開 We 型人心的溝通方法

We 型人的特徵 ── 開朗的博愛主義者

We 型的人，是以「我們」為基準來思考、感覺和行動。

他們能立刻與人親密地交往，重視和諧；即使在陌生的場合，也不會抗拒在人前說話；常自願擔任如宴會的幹事、結婚典禮的主持人、慶祝會的司儀等。

感情表現豐富，時而淚流滿面，時而勃然大怒。但不管如何的憤怒或悲傷，睡一覺起來就忘得一乾二淨了。

由於重視「我們」，傾向選擇與人直接接觸的工作，如業務員、教師、護士等。在人際關係方面要求一體感，強調大家要能團結一心、努力奮鬥。在戀愛方面，認為彼此之間不該有任何隱瞞，分享所有的一切才是愛。在性愛方面，屬於那種做完愛後也希望享受餘韻、親密接觸的類型。

由於太過重視「我們」，以致不大有自己的意見，或是優柔寡斷。受人信任，有人開口請託就無法拒絕，有幾分領袖的氣質。平常看起來好像很堅強，其實心裡有點脆弱，被迫做重大

決定時，有時會被壓力擊倒。

對待 We 型人的方法

和這類型的人接觸時，訴諸感情是最佳的方法。例如對他說「都是托你的福」或「大家都很感謝你」……等，他一定樂於為你做任何事。

因此，用以下的例行話題對付 We 型人頗為有效。

「你是任何人都會喜歡的類型，和初次見面的人也能立刻熟稔起來。」

「你即使和朋友或家人吵架，怒氣也不會延續到隔天，是個非常爽朗的人。」

「你非常有行動力，總認為事情不如想像的那麼難，與其沒完沒了地考慮，不如先做了再說。」

「工作場合中有不好相處的人，對吧？啊！那個人的影像又冒出來了，他很神經質，連一點小事也很在意。」

「你是個按照自己的步調進行工作，就能發揮能力的人。」

「你的心理壓力很容易反應在身體上，一旦有了煩惱，立刻就會長痘痘、皮膚變粗糙、體重改變。」

「嗯，現在有個人的影像冒出來，是你遇到煩惱時經常商量的人……」

「你的左膝蓋有舊傷？」

We型人的特徵

優點	協調性高、不拘泥、感情豐富
缺點	感情起伏激烈、依賴性大、情緒善變
思考、感覺方式	情緒性的
獨處的時間	偶爾必要時
交友關係	多
說話方式	委婉、詳細
理解方式	虛心領會別人的話
行動力	邊行動邊理解
激發幹勁的方法	「你也會做。我們跟著你。」
別人的建議	希望
E-mail、電話	先閒聊再談正事
適合的職業	老師、護士、業務員等與人接觸的工作
工作	服務性質
家庭和工作.	家庭優先
孩子	喜歡
寵物	狗
喜歡的書和電影	非小說類的
運動	團體競賽
飲料	茶類
遊玩	戶外活動
對戀愛、性愛的態度	一體感
黑色笑話	容易受傷
容易受傷的部位	左半身
排便狀況	有便祕的傾向

看穿S型或M型的技巧

　　這裡教你如何看穿對方是S型（虐待型）或M型（受虐型）的方法。在聯誼活動上也可以當作遊戲來玩。

　　首先，把你的手掌朝上，伸到對方面前，對他說：「請你把手放在我的手上面。」

　　對方如果說：「啊！這是在幹什麼？太可怕了！」由此就可判斷那個人是S型。

　　假如對方按照你的要求，把手掌放上去，就順勢將他的手拉向你。此時，如果對方突然把手放開，那他就是S型；反之，如果對方配合你的動作，他就是M型。

　　S型不喜歡被人操縱，如果你想領導他的話，他是不太願意的。所以，他會一開始就說：「啊，真嚇人！」而不願立刻將手放在你的手上，他對於後果不清楚的事是無意順從的，由此可判斷出這種人具有強烈的S型傾向。

　　反之，M型則會順從對方的領導，因此，他會跟隨你的行動。

欲掌握Me型人的心，就要強調「你」

打開Me型人心的溝通方法

Me型人的特徵——自我實現的超凡能力

Me型的人，是以「我（自己）」為基準來思考、感覺和行動的。平常不愛說話，一旦進行一對一談話時就變得格外輕鬆多話，較能表現自己。不大喜歡私人話題，但一提到工作或嗜好就顯得興致勃勃。少有感情表現，沉默寡言。由於話少，經常被誤解為冷淡的人，但實際上卻容易感到寂寞，只要有人爽快地跟他打招呼，就會喜歡上對方。

由於重視「我」，所以比較適合從事獨立性的工作，也偏向會選擇那一類的工作。像工程師、工匠、律師……等專門性的工作，就適合Me型人。

在人際關係上，也追求「我」，希望自己受到尊重。往壞的方面說，就是自我中心，討厭被人指示去做任何事。不做自己無法理解的事，只要自己能夠理解，就不需要別人的鼓勵或建議。

Me型人在戀愛上追求刺激和冒險。想要的異性一旦到手，

之前的熱情就會突然冷卻下來。和We型人不同，Me型人受人倚賴反而會覺得麻煩而溜掉。

對待追求自我實現的Me型人的方法

和這類型的人接觸時，與其訴諸感情，不如說些合理的理論來得好。Me型人的工作動力是自我實現，因此，對他說：「這工作只有你才會做」、「不可以交給別人做」……等話，刺激他的自尊心，工作動力就會提高。反之，如果對他說：「這是個簡單的工作，請你做做看」，根本提不起他的幹勁。

因此，運用如下的例行話題對付Me型人頗為有效。

「你嚴守時間，因此對約會經常遲到的人非常生氣。」

「你雖然認為不打掃不行，卻怎麼也提不起幹勁。但是，一旦開始做了，你是個連細部也會徹底整理的完美主義者。」

「你喜歡一對一的交往關係甚於成群地交往。」

「職場中有不好相處的人？啊！那個人的影像浮現出來了，他是個不尊重別人隱私、絲毫不關心別人的人。」

「你還沒有完全發揮自己的力量，好像還有什麼祕密的企圖？」

「你好像有用金錢收買人的經驗？」

「你和別人交談時好像不大聽對方說話？因為你腦筋動得快，所以當對方說話速度慢時，你一定會感到焦急。」

Me型人的特徵

優點	具領導力、有責任感、頭腦好
缺點	利己主義、冷淡、膽小
思考、感覺方式	理論性的
獨處的時間	絕對必要
交友關係	少
說話方式	直接、事務性的
理解方式	揣度對方說話的真意
行動力	理解後才行動
激發幹勁的方法	「只有你才會。希望你幫忙。」
別人的建議	不喜歡
E-mail、電話	必要時、事務性的
適合的職業	工程師、律師、工匠等專業工作
工作	自我實現
家庭和工作	工作優先
孩子	不大喜歡
寵物	貓
喜歡的書和電影	小說
運動	個人競技
飲料	咖啡
遊玩	室內活動
對戀愛、性愛的態度	刺激、發洩精力
黑色笑話	不在乎
容易受傷的部位	右半身
排便狀況	有腹瀉的傾向

從外表看穿對方性格的技巧

　　為了看穿對方的性格，冷讀術經常使用一個方法，就是觀察對方說話時的牙齒。

　　說話時，上排牙齒明顯可見，而下排牙齒幾乎看不見的，是善於付出的人，不論是精神或物質上，任何給與都會令他感到喜悅。雖然善於付出，卻並不善於接受。因此，即使人家向他表達愛意，他也會覺得：「真會有人愛上像我這樣的人嗎？」

　　另一方面，下排牙齒明顯可見，而上排牙齒幾乎看不見的，是善於接受的人。雖然不善於表現自己，卻善於察言觀色。

　　上下排牙齒都平均可見的人，可說是付出與接受都能保持均衡的人。

　　雖然表情的豐富度會影響牙齒的可見方式，但只要照上述的技巧去觀察，就可準確推測對方的性格。

YES

對 We 型人可以做
與不可以做的事

對 We 型人可以這樣做

- 一邊聽他說話，一邊給與肯定。
  （經常肯定地說：「是的，確實那樣」、「知道了，知道了」。）

- 一邊頻頻用力地點頭，一邊看著對方的眼睛聽他說話。
  （表示同感）

- 不斷地發問。
  （無論是聊天性的話題或是無聊的事都可以。）

- 積極地提供建議。
  （如「我想那時候這麼做會比較好」……等。即使尋常的建議也要表現得真摯。）

- 輕輕地觸摸對方的肩膀。
  （保持輕柔，不可糾纏。）

- 誇張地表現出吃驚或笑。
  （讓感情明顯易懂地表現出來。）

對 We 型人絕對不可以這樣做

- 否定對方說的話。
  （切忌說：「可是……」、「但是……」、「並不是那樣……」。）

- 談論有關性格的事。
  （不能用指責的語氣說：「像你這種性格……」；即使稱讚的話也少說為妙。）

- 打聽目標或夢想。
  （We 型人活在當下，不善於想未來的事。）

- 距離間隔太遠。
  （即使觸摸不到，也要以近距離表現親密。）

- 講道理。
  （會給與冷淡、工作似的印象。）

- 說別人的壞話。
  （免得讓對方覺得：「他是否在背後也這麼說我？」）

對 Me 型人可以做
與不可以做的事

對 Me 型人可以這樣做

- 例如主動夾菜給對方，澈底做個紳士／機靈的女人。
  （不是討好，而是表現成熟大人的作風。）

- 裝出若無其事的樣子觀察對方，並及時給與關心。
  （如果對方看起來好像感覺冷，就默默地請店員將冷氣關小一點。）

- 先談論自己。
  （若從發問著手，對方會覺得好像被盤問，要盡量避免。）

- 盡快找出對方擅長的領域，並就此展開話題。
  （積極地表現出感興趣的模樣，做個善於應答的人。）

- 被問到自己的事時，就要談實際的夢想或目標。
  （重實際，同時也是個充滿熱情的人。）

- 即使不感興趣，也要先對其他成員表現出成熟大人的關照。
  （表現出自己是大人樣的男生／女生。）

對 Me 型人絕對不可以這樣做

- 一開始就訴諸自己的弱點，請求同情。
  （「我這個人很沒用呀」如此撒嬌似的態度是行不通的；抱怨當然也不行。）

- 只顧著自己說話。
  （要隨時注意對方是否感到無聊。）

- 建議或說教。
  （不可說：「那是常有的事」、「我也有經驗」。）

- 隨便碰觸身體或是太靠近。
  （不可過分親暱。）

- 強硬的態度或是大男人主義的態度。
  （避免談男人論、女人論，免得產生對立。）

- 對身體特徵或是服裝表示意見。
  （即使讚美的話也少說為妙。）

使用 We ／ Me 型分類法，人際關係變得輕鬆愉快了

　　一次出乎意外的機會，我參加了石井老師的研習會。

　　周圍的參加者很快地學會了 We ／ Me 型分類法，並且試著去應用。

　　結果，試過的人都異口同聲地表示：學會區分這兩種類型實在管用，可以建立非常良好的人際關係。

　　例如，如果認爲對方是 We 型的話，就一邊輕拍對方的身體一邊說：「知道了，知道了」，表示心有戚戚焉。或稍微誇張地點頭或微笑，如此一來，就連初次見面的人也能很快的親密起來，眞是不可思議。這讓我高興極了！

　　以前朋友來和我商量事情時，我總是拚命地提供意見，如果這個朋友是 We 型的還好，若是 Me 型的就不如不給建議爲宜。

　　對於一位 Me 型的朋友，在聽了他的話之後，我儘管只說了：

　　「這並不是像某某所想的那樣就好，如果是你，絕對可以做

得好。」

　　那個朋友聽完卻十分感謝地說：「今天很謝謝你，能和你談談眞好，心情舒坦多了。」

　　把人區分爲這兩種類型簡直是個創舉，我嘗試過好幾次，總是很快就能分辨出對方屬於 We 型還是 Me 型。

　　我想，如果區分爲四個或六個類型，我一定不想去學，而且也學不來。

　　　　　　　　　　　　（M・H，三十二歲，經營公司）

Part 4

視情況使用！
活用於日常生活的
冷讀術實踐講座

只要知道對方想飼養的寵物，
就可以知道他隱藏在內心的祕密

聯誼活動上受歡迎的祕技

知道對方「希望被人如何認同」，就可吸引他的心

請你若無其事地對想親密交往的對象，提出以下的問題。

「最近我想飼養寵物，Ａ小姐喜歡什麼寵物？」

「如果要養的話，我想養貓。」

「嗯，養貓啊。你喜歡貓的什麼地方？」

「喔，應該是貓的自由自在與隨性吧。」

其實，想飼養什麼並不重要，重要的是，選擇那個寵物的理由。因為從中不知不覺透露出「自己希望被別人如何認同」的心理。也就是說，Ａ小姐希望在別人的眼裡是個「自由自在」與「隨性」的女性。

因此，稍後將自由自在與隨性轉換成另一種方式去稱讚Ａ小姐，她一定會很高興。比方說：

「在交談中，我能感覺到Ａ小姐的不拘小節，妳真的過著自由自在的生活。」

像「我真的希望別人是這樣認同我」的這種願望，很難對人啓齒，平常都是壓抑著的。但是，一談到寵物時，因爲不太有戒心，所以壓抑的願望會不由自主地說了出來。

如何打探對方的理想情人形象

延續剛才的寵物問題，將會知道更意外的事。

「A小姐，妳說妳喜歡貓，如果貓除外，妳喜歡什麼？」

「嗯，像是大蜥蜴啦，或是爬蟲類我也滿有興趣的。」

「啊，爲什麼？」

「有危險的感覺才棒呢！」

由此得知她第二種喜歡的寵物爲何。和前一個問題一樣，選擇那個寵物的理由才是重點，從中會不經意地透露出「理想的情人形象」。

也就是說，選擇寵物時，第一次的選擇暴露了「我希望這樣被認同」的願望，第二次的選擇則是反映了「希望你（妳）是這個樣子」的願望。而這裡所謂的「你（妳）」，就是指情人或結婚對象。

從這個例子來看，A小姐心目中的理想情人是「有危險感覺」的男人。因此，想要追求A小姐的話，把自己弄成踏實而溫和的男人是沒有用的，不妨表現得有點壞壞的樣子，才能進入A小姐戀愛對象的好球範圍。

打聽對方喜歡的動物，就知道進攻的方法

第一種想飼養的寵物的理由 ＝ 得知對方希望別人如何認同

第二種想飼養的寵物的理由 ＝ 得知對方理想的情人形象

技巧舉例

「想飼養什麼寵物？」
「應該是貓吧。」
「喜歡貓的什麼地方？」
「自由自在與隨性。」
（本人希望別人這樣認同他）

坐在哪裡，決定勝負

在聯誼活動上如果有看中意的人，坐在這個人的左、右邊就變得很重要。

坐在容易迎合對方心情的那一邊，或是相反的另一邊，這兩者間交談的興致是截然不同的。

如果對方是 We 型人，那麼最好是坐在這人的右手邊，要是弄錯而坐在左手邊的話，這人會一直跟坐在右手邊的人說話而不會面向你這一邊。

如果對方是 Me 型人，顯然就要坐在這人的左手邊最好。

在聚會中經常可以見到落單的可憐人，眼看著坐在自己左、右邊的人都各自和相反方向的人交談，感覺自己像是多出來的一樣，非常尷尬。

相反的，如果能使 We 型人坐在你的左手邊，而 Me 型人坐在你的右手邊，或許你就會被兩邊的人熱情追求，而得以享受到「左右逢源」的最大幸福。

光是大家坐的位置，就能使聯誼活動的氣氛大不相同。因此，稍微動點腦筋，確保自己的最佳位置是十分值得的。

E-mail的寫法，也可能讓你討人喜歡

掌握對方心意的E-mail寫法

任何人都最喜歡自己

為什麼算命師會受人信任？因為算命師說的話，都是諮詢者的事。世上沒有人對自己的話題不感興趣，任何人其實都最喜歡談論自己，也最喜歡自己。

直接見面交談時，對方有時會插話，或露出無聊的表情，這些舉動，都會讓自己突然回過神來。但寫E-mail時看不到對方的面孔，因此，很容易忘了對方的存在，而盡寫自己的事。結果，在不知不覺間寫出無視於對方的內容，恐怕會帶給對方不甚愉快的感受。

E-mail要寫得讓對方感動，最簡單的訣竅就是──在信的內容裡盡量頻繁地寫出對方的名字。

「今天我因為感冒而請假，沒去上班，○○（對方的名字），在這種季節感冒，真是很累人。」

如同上面這樣，像是在叫喚對方般地把他的名字到處寫，讓對方一眼就能看見自己的名字在信上四處分布，就會覺得你

的E-mail很親近。

　　而且，只要想著非寫對方的名字不可，寫信時就會意識到對方的存在，而不會一味地光寫自己的事。

針對 We ／ Me 型人， E-mail 的不同寫法

　　Me型人寫E-mail時，大都寫得很簡短，只寫重要的事。即使稍微長一點的信，也會把重點寫在開頭。因此，如果對方是Me型人，你也要盡量寫得簡單扼要。如果你以為寫長信才對的話，有時甚至會讓他覺得：「竟然用閒聊來浪費我的時間？」而給與負面的印象。

　　另一方面， We型人的E-mail，不會一開頭就寫要事。他會先寫一些無關緊要的「前言」，最後才寫重要的事，也就是寫此信的目的。

　　因此，如果對方是We型人，信的內容就盡量地拉長閒聊，最後才寫出重要的事。如此，才能讓對方感覺到這是一封充滿了感情的信。使用表情符號或是彩色文字，或者夾雜「心砰砰跳」、「太棒了」、「高興極了」等帶有感情的用詞，效果也很好。

　　總之，在行文中使用對應這兩種類型的例行話題，就可以寫出讓對方覺得「他真是了解我」的E-mail。

依不同類型寫出適合對方的 E-mail

對 Me 型人有效的例子

主旨：票買到了

由佳里，好久不見！我是貴志。
去年妳說的那張票已經買到了，下個月二十日在橫濱，
我們一起去好不好？
由佳里，方便的話，請速與我聯絡。
等妳的回覆喔！

對 We 型人有效的例子

主旨：春天到了

由佳里，好久不見！我是貴志。最近好嗎？
上星期突然遇到亞紀，她好像忙於打工，當伴遊，覺得
意外吧？
她說，很想與好久不見的由佳里見個面。
所以，我今天寫了這封 mail 給妳……

由佳里去年說的票，我已經買到了！
下個月二十日在橫濱，我們一起去好嗎？
方便的話，請速與我聯絡。
等妳的回覆喔！

邀約女性去喝茶的技巧

想追求女性的初學者，經常用的話是：「一起去喝杯茶好嗎？」當然，這麼說有時也會成功，不過，還有更好一點的說法。

因為對方不知道自己會被帶去哪裡，心裡多少有些不安，即使心想去一會兒也無妨，也會猶豫不決。

因此，你可以這麼說：「我們到那家露天咖啡廳喝杯咖啡，十五分鐘左右就好。」在說這句話的同時，一定要用手指著眼前明顯可見的那家咖啡廳。

對方因為可以看見將被帶往之處，比較不會心生疑慮，也會降低戒心。

越不懂得如何追求女性的人，因為擔心對方逃掉，越會把人追到絕境。但是人就像是象棋中的「將」般，越被追到走投無路時，就越會想盡辦法逃跑。因此，選擇路邊可以看見行人來往甚至是露天咖啡廳，其效果都比約在高樓大廈或地下室的咖啡廳來得更好。

透過稱讚方式、稱讚地方，馬上吸引對方

受人信任、討人喜歡的稱讚方法

能給對方強烈印象的稱讚訣竅

大部分的人都會就表面所見的印象去稱讚對方，例如，對身材好的女生說：「Ａ小姐的身材就像模特兒那麼好。」

但是，這種讚美方式，並不具多大的效果。因為與別人的並無兩樣。再說，Ａ小姐老是聽到同樣的讚美，自然不會留下深刻的印象。

要給對方強烈的印象，就非得讓對方覺得：「這個人和其他人的著眼點很不同。」

訣竅就是——反過來稱讚對方的短處。

例如，Ａ小姐雖然是個身材好的美人，但假定她給人有點高傲的印象，那麼，高傲的反面是什麼呢？不就是平易近人或是親切嗎？

因此，在稱讚Ａ小姐時，不妨這麼說：

「Ａ小姐，想不到妳是個既親切又平易近人的人啊。」

由於從來沒有人從這個角度去認同過Ａ小姐，所以她一定會很高興，認爲「這個人了解我」。

每個人都會對能認同自己新的一面的人產生信任。

可以使用於推銷、接待顧客或販賣上

在推銷時，如果客戶的企業是以「嶄新的嘗試」聞名，在推崇它的同時，也要加上完全相反的評價。例如，「雖然具有革新性，其實也重視過去的技術」；或是「雖然提供的是廉價的商品，其實投資很多錢在設備上」；「雖然在海外的知名度很高，其實反而最重視國內消費者的需要」。

因爲表面上的優勢誰都能看見，也會針對這些特點大表讚美。然而，就猶如賽跑時爲了做最後的衝刺，必須有相對應的地面摩擦力一樣，某個層面特別耀眼時，在看不見的地方一定也有與其相反的要素，使兩者以相同的力量保持平衡。

正因爲迅速談到「其實」的部分，對方才會感覺到：「啊，這個人眞的看到了很不一樣的地方。」

在銷售、接待客戶時也一樣，只要稱讚客戶的「其實」部分，客戶一定會敞開心胸地接納。

稱讚對方的缺點，對方馬上就被你打動

外表 ＝ 身材好的美女

感覺「高傲」

真的嗎？

A小姐，妳是個「平易近人」的人呀！

人會信任並喜歡上認同自己「新的一面」的人。

給人好印象的技巧

　　不論是工作或是戀愛，為了能給對方好的印象，大部分的人都會留意自己的服裝和髮型。這當然有其必要，不過光是這樣還不夠。

　　在此，告訴你一個平常為人忽略卻能給人好印象的技巧。

　　那就是——在自己的背後放置能給人好印象的東西。

　　例如，餐廳都會確保幾處能夠看見夜景的美麗座位，但是比美麗夜景更重要的是，對方看到的你的背景。

　　當然，與你交談時，對方是在看你，並不是在看背景。然而，周邊視野帶來的訊息，可以直接影響對方的潛意識。

　　因此，在你的背景裡，如果有人品不好的客人或是有廁所門的話，不管你打扮得再漂亮，也會給對方的潛意識留下負面的印象。

　　雖然不需太神經過敏，但今後只要稍微注意到「現在我的背後有什麼東西」，就能做最佳背景設定而給人好的印象。

只用一個問題就能判定黑白

看穿對方婚外情或說謊的祕技

讓謊話絕對會敗露的問題

想刺探某人有無婚外情時，直接詢問本人是最好的。但是，即使真的有婚外情，對方也不會輕易承認。

在此，教你一招揭露對方說謊的質問法。

「我現在只問你一個問題，不會再問其他，請你一定要誠實回答。」

施以這樣的壓力是很重要的。然後，就盯著對方的眼睛問：

「你有沒有婚外情？」

如果對方簡單地回答說：「沒有。」那就是實話。也就是說，認為對方沒有婚外情至少是不會錯的。

如果對方回答說：

「你為什麼會這麼問？」

「我做了什麼讓人懷疑的事了？」

「不用說你也應該明白。」

諸如此類的回答，發生婚外情的嫌疑性就很高。

這是個只能回答「Yes」或「No」二選一的問題，所以，其他的回答都是可疑的。

善於說謊的人也會上當

即使是善於說謊的人，內心深處也會因為說謊而產生罪惡感。如果是複雜的謊言，他還可以敷衍過去，但如果是說Yes或No的簡單謊話，他的內心難免動搖，而會想要迴避回答。

問心無愧的人，通常在回答後會反問：「那你呢？」反觀心虛的人，由於想盡辦法逃避這個話題，自然不會有多餘的心力來反問了。

這是警察在盤問嫌疑犯時所使用的技巧，正因效果如此有力，最好仔細考慮以後再使用。因為揭露婚外情未必有好處，而且，即使知道對方說謊，也能給與信任，有時反而可以導致好的結果。

看穿婚外情的質問

「你有沒有婚外情？」

可疑的回答：

「你為什麼這麼問？」
「我做了什麼讓人懷疑的事了？」
「不用說你也應該明白。」

可以簡單回答「Yes」或「No」的問題，
卻做其他回答就值得懷疑。

不知情人為何生氣，而不跟你說話時

情人之間一定發生過一種情形：你搞不清楚發生了什麼事，導致情人突然生氣而不跟你說話。你拚命追問：「拜託告訴我哪裡做錯了？」但她仍然置之不理。

即使錯誤真的在你，然而不明白對方究竟是為何生氣，依舊無法挽回劣勢。

在此，教你一個讓情人開口說話的技巧，你只要照以下的話去說就行了：

「對不起，讓妳感到不愉快。但是，我只問一個問題，請妳一定要告訴我。我的行為中，妳『最』不能容許的是什麼？」

經過這麼一問，絕對不想開口說的這些「不容許的事」，就被分割為：第一不容許、第二不容許、第三不容許……等等；而被分割的部分，是比較容易說出口的。雖然對方不想說出全部，但最後還是會把「最不能容許的事」說出來。

比方她說：「最不能容許的事？那就是你對某某小姐說我的壞話！」說出來之後，你要如何辯解使她息怒，自然又是另一個問題了。

好女人、好男人有情人是理所當然的，
但要搶奪並不難

攻陷已有情人者的祕技

如果妳是女性的話……

假定妳是女性，愛慕公司的上司，想和這位意中人交往，或是誘惑他上床，但是他已有妻子和兒女。當然，他會以已婚為由拒絕妳。即使如此，還是有「攻陷」對方的技巧。

「的確，『你做為一家之主』是不能有婚外情的。但是，『你做為男人』，真希望你永遠為新戀情而興奮。」

只用這樣的說詞，就能使頑固的對方轉變態度。這些話雖然簡單，但確實很有效。

如果你是男性的話……

假定你是男性，想攻陷已有情人的女生，也可以運用這個技巧。

「的確，『妳做為那傢伙的情人』可不能不忠實。但是，

165

『妳做爲獨立的女性』，我不希望妳就這樣成爲籠中鳥。」

　　總之，就是把本來是一個人的他（或她），分割成「你做爲○○……，但是，做爲○○……」。

　　人對於發現自己新的一面的人會抱持好感，尤其是對目前的戀情、婚姻感到束縛或疑惑的人，只憑這種說詞，就足以攻陷對方。

　　當然，我並不是建議你去搶奪已有對象的情人，而陷對方的情人於不幸，那種痛苦遲早會回到你的身上。因此，在使用此技巧之前，千萬要有相當的心理準備。

　　這個技巧也可活用於工作。遇到上司不採納你的意見時，你可以這樣說：

　　「的確，○○部長做爲上司，我可以了解您對這個企畫不感興趣。但是，做爲我的前輩，您眞是這麼想的嗎？請您告訴我。」

　　也就是說，○○部長是你的上司，也是你的前輩。當你要求他以「前輩」的身分，而非組織中的「部長」身分表示意見時，他自然就容易從不同的角度去思考。如此，他便很有可能改變過去頑固的態度。

　　只要多花點心思，這種說法應該也可以應用在其他的情境上。

只憑這句話就可以搶奪那個人

「你做為○○……」，但是，「做為○○……」

發現對方新的一面，
讓對方從不同角度思考。

技巧舉例

「我並非邀請名花有主的妳約會，而是邀請同為電影迷的妳去看電影。」

「做為妹妹的妳，的確是不可能和姊姊以前的情人交往，但是我希望做為獨立女性的妳能坦率面對戀愛。」

「到昨天為止的你，忘不了以前的情人是當然的。但是，從我們倆相遇的今天開始，你不覺得沒必要再受到往事的束縛嗎？」

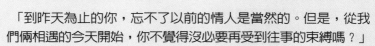

167

若無其事地說出「結婚」

有助於
工作‧戀愛
的小技巧

　　假定和情人已交往一陣子，覺得該是結婚的時候了。心裡雖想與她結婚，但是又怕對方沒有意願，或許一說出「結婚」兩字，整個氣氛就冷卻了，所以總是遲遲不敢開口。

　　此時，可以運用如下的技巧：

　　「嘿，妳說說看，理想的夫妻應該是怎樣的？」

　　這句話的重點是，不用「結婚」這兩個字，對方自然沒有反駁的餘地。

　　一用到「結婚」兩字，難免讓對方覺得好像被強迫履行義務似的，但「夫妻」這個字眼就沒有那種意味。因此，對方比較不會心生排斥，而會回答你。

　　如果對方沒有結婚的意願，可能會回答說：「我還沒有想過。」此時你只要說：「是呀，還早呢。」就能安然無事。

　　如果對方有結婚的意願，可能就會談到理想的夫妻形象，於是你開口說：「我們該結婚了吧？」也不至於遭到反駁。

搭訕的方向不同，反應也全然不同

效果無限大！追求異性的搭訕法

對方的包包拿在哪一邊？

教你一個讓異性停下腳步的高效率搭訕法。

向對方搭訕時，如果從正面來，會引起對方的戒心，所以通常都從對方的側邊靠近。不過，從左邊或右邊搭訕，對方停下腳步的可能性將會不同。

技巧是，最好從對方沒有拿提包或行李的一邊近身搭訕。

人的右半身或左半身，有一邊比較機敏，有一邊比較遲鈍。右半身比較機敏的人，左半身就比較遲鈍；而左半身比較機敏的人，右半身就比較遲鈍。這和慣用右手或左手沒有關係，完全是因人而異。

而且，人對遲鈍的一邊，戒心較強。因此，提包會拿在較遲鈍的一邊，企圖藉此來防禦。此時若從對方拿提包的一邊搭訕，也就是從遲鈍、戒心高、有所防禦的一邊接近，遭到拒絕的可能性自然很高。

接待客戶或銷售商品時也可以使用

無法用包包或行李判斷時，還有其他方法，例如觀察對方頭髮的分線。

前額看來比較寬的一邊，就是較機敏的一邊，而前額隱藏的一邊，則是較遲鈍的一邊。例如，頭髮右分，露出右額的人，就是右邊比較機敏。因此，從右邊搭訕較有效果；反之，從左邊就會遭到拒絕。

這個搭訕法不光可用在追求異性時，在接待客戶或銷售商品時也可以使用。事實上，就有西服店的店員，在招呼客人時，因為發覺到這個方法，而使營業額大增。

再稍微談談與包包相關的問題。

很多時候，包包是與對方之間的防禦象徵。例如，情人把包包放在你與她之間，這就表示她還沒有充分接受你，或者也有可能是認為你在心理、身體上把距離拉得過近。

或許你過於焦急想踏進對方的心。

如果看見對方有意把包包放在你和她之間，就要稍微減緩交往的速度，或是保持距離，不宜過於挨近。

每個人對接受別人所需的時間都不同，必須給與足夠的時間，使對方自然而然地敞開心扉。

依類型改變搭訕的方法

包包

髮線

從沒有拿包包或行李的一邊
搭訕,成功率是兩倍以上。

從看得見前額的一邊
搭訕最好。

第一次見面就能掌握主導權

有助於
工作・戀愛
的小技巧

　　第一次見面時，若有握手的機會，可透過握手的方式，掌握兩人之間的主導權。

　　你可以邊用右手握，邊用左手輕輕地抓住對方的右胳臂。

　　這是潛意識暗示著「封鎖對方的右手」，猶如「無人能逃出我的手掌心」的說法，右手就是「我」的象徵。所以，封鎖對方的右手，就是抑制對方的「我」，就能若無其事地暗示由你掌握了主導權。

　　當然，對身分高的人來說，這樣的握手方式顯得很沒有禮貌，因此只適用於與自己身分相當的人。

　　不僅是握手，與人並肩行走或坐著時，也可經常走或坐在對方的右手邊，藉此掌握主導權。

　　觀看馬路上並肩行走的兩個人，你會發現走在右手邊的人，大部分都走在半步前，也就是掌握著主導權。當然，彼此的意識上並沒有察覺到這一點，但潛意識裡就是把主導權拱手讓給在右邊的人了。

拒絕難以拒絕的邀約或工作的 「但是」魔法

使用「但是」（But）魔法

我們經常會遇到一種狀況——想拒絕但又難以拒絕。在此教你一個應付的技巧。

例如，上司叫你參加下午的會議。而你實在分身乏術，但這位上司是個稍微不順他的意就會勃然大怒的人，於是你處於非得聽從命令不可的狀況。此時，你就按照下面的說法：

「知道了，但是我想先完成明天的企畫書後再參加。」

這麼一說之後，上司會不知不覺地說出：「啊，你好像很忙。那麼叫田中參加好了。」這就是「但是」、「不過」、「然而」這些逆接詞的特別作用。

也就是否定「但是」前面的說詞，強調後面的說詞。

如同前例：「知道了，但是……」，否定了「但是」前面的「知道了」，再若無其事地強調後面「先完成明天的企畫書」的

印象。

　　如果你直接說：「我很忙，不能參加會議」，恐怕會惹上司生氣，但是透過「但是」的使用，就能讓他不由得有「啊，這傢伙好像很忙」的感覺。此時，傳入上司潛意識裡的訊息是：「不先完成企畫書就不能參加會議」。但是，意識裡聽起來卻是：「知道了，我完成企畫書後就去參加會議」這種非常得體的訊息。因此，就連頑固的上司，也會考慮改叫田中參加。

正因訴諸潛意識才有效果

　　如果對「但是」的作用還不太能理解的話，請你用心地把以下的兩個句子說出來看看。

　　Ａ：「雖然想飛黃騰達，但是也想有玩賞嗜好的時間。」
　　Ｂ：「雖然想有玩賞嗜好的時間，但是也想飛黃騰達。」

　　Ａ和Ｂ兩個句子的意思其實差不多，但是感情顯然不一樣。「想飛黃騰達」和「想有玩賞嗜好的時間」是兩個相等分量的要素。但是各自放在「但是」的前面或後面，給人的印象就完全相反。

　　Ａ的說法，讓人覺得說話者對工作失去幹勁；Ｂ的說法，讓人覺得說話者對工作充滿幹勁，原因就是對潛意識（而非意識）的間接暗示所致。

使用「但是」最大限度的效果

> 「但是」：否定前面的說詞，
> 強調後面的說詞。

技巧舉例

「香菸？當然可以抽。但是，抽太多不太好，要注意身體健康呀。」

「明天要請假可以，但是，企畫書星期五以前一定要完成。」

「要看我的手機？當然可以啊。但是，可不是懷疑我有婚外情吧，我是那麼不可靠的人嗎？」

掛斷難纏的勸誘電話的方法

我們偶爾會接到勸誘的電話，雖然很想掛斷它，但由於對方口若懸河，總是抓不著適當的時機。

對方任性的打擾，照理說可以立刻掛斷電話，但又有點擔心這麼做會得罪對方，就是猶豫不決。

其實，有禮貌地拒絕對方是最好的。如果對方依然糾纏不清的話，教你一個非常手段。

在對方喋喋不休時猛然掛斷電話，對方恐怕會因自尊心受損而惱怒。因此，你要邊說話邊把電話掛斷。你可以這麼說：「啊，那是投資股票嘛，以前也有那種事……」接著突然把電話掛斷。

因為電話是在你說話時斷掉的，對方只會感到一頭霧水，不知道發生什麼事，不至於傷了他的自尊心，自然也無從生氣起了。

當然，對方有可能再打電話來，到時候你不要接就好了。

冷讀術最適用於因應索賠，在此介紹一個小訣竅

因應索賠的祕技

索賠來自於「感情」時

冷讀術也可活用於因應索賠上。

相對於客觀的事實，感情是屬於純粹個人的。就商品買賣而言，冷靜而適度的抱怨者，追究的是商品或期限的問題；但情緒性地要求索賠的人，則是對自己的控訴。

也就是說，毫不掩飾感情而要求賠償的客戶，真正想追究的並非商品的缺陷或是延遲交貨，而是自己的自尊心受到傷害。

因此，不管任何索賠，當客戶在感情用事時，用客觀的事實是無法對付的，甚至於越那麼做，客戶的怒火也越燒越旺。

重點是，要滿足客戶的自尊心和被重視感，建議使用如下的媒介物。

使用「比方說」的魔法，對付對方的錯誤

　　冷讀術常用的話術中，有個「比方說……」，乍聽之下是無心的說詞，卻擔任著非常重要的任務。

　　「『比方說』，你正想和朋友去旅行……」

　　這麼說時，即使是不太恰當，也因為先說了「比方說」，話還是可以繼續地說下去。

　　在因應索賠方面，「比方說」也十分好用。

　　例如，客戶氣呼呼地打電話來抱怨：「跟你們買的電腦壞了！」

　　詢問了原因之後，聽起來好像只是客戶自己配線錯誤，並不是電腦壞了。

　　可是，如果你直接說：「先生，請您確認一下配線有沒有問題？」反而會讓他更生氣，因為他會覺得你認為都是他的錯。

　　遇到這種情況時，就要使用「比方說」。

　　「先生，『比方說』，您是否可以確認一下配線？」

　　也就是說，在「或許是我們的錯；說不定是品質不良；也說不定是運送時弄壞了；或許手冊的說明不夠詳細……」等所有的可能性當中，只請客戶確認一下配線有沒有問題而已。在此，「比方說」傳達了那種語感，可以在因應索賠上順利指出客戶的錯誤。

使用媒介物來因應索賠

何謂媒介物

　　一般在占卜時，大多使用手相、塔羅牌、卜卦、水晶、神符之石（Runestone）、鐘擺或星座等道具。而憑靈感解答問題，也要看諮詢者的靈氣，或透過請守護靈之類的任何道具。

　　這些道具，就稱為「媒介物」。

技巧舉例

　　「你到底要怎麼處理呀？我不是說耽誤一天，後果就會很嚴重嗎？」

　　「老實說，我也很驚訝……在我們的資料庫裡……嗯……記載著對○○先生，『要優先於一般客戶，嚴格確認交貨日期』。我想一定是新的負責人不知道○○先生對我們來說是多麼重要的客戶，而把訊息弄錯，先交了其他貨品。」

　　「那你到底要怎麼辦？因為你的關係，我們失去信用了呀！」

　　「是的，那是當然的。○○先生一直頗受往來客戶的好評，如果因為我們的錯誤而敗壞名譽，那可就不得了。請立刻讓我查一查。」

　　「不能再等了！」

　　「即使停止其他作業，也一定會想辦法最優先送給您，請讓我來處理吧。這次出了大錯，還請您多多包涵！」

　　「真的嗎？那就請你馬上處理吧。」

　　上面的例子，是把「客戶的資料」當作媒介物使用。

　　為了修護客戶的重要感和自尊心，如果你說：「是的。是有交代『要優先於一般客戶，嚴格確認交貨日期』。」那麼，顯然是你在說謊。

　　但是，如果說「……資料庫裡有記載」，其真假的責任並不在你，而是資料庫。當然，實際上資料庫裡沒有記載也沒關係。

從手機吊飾看穿對方性格

有助於
工作・戀愛
的小技巧

　　一個人的手機吊飾，也可反映出此人對人際關係的看法。

　　手機吊飾繁複的人，朋友很多，是屬於怕寂寞、喜歡熱鬧的類型。

　　不過，那也是精神空虛的反映。雖然朋友環繞，看起來總是很開朗，但有點怕更深入內心深處的人際關係。事實上，這種人經常會感覺孤獨。

　　沒有配帶手機吊飾，或即使有也是式樣簡單的人，不大喜歡和一群人在一起吵吵嚷嚷，也不大重視表面的交友關係，是屬於與少數能真正交心者長久交往的類型。

　　這種人極少與朋友往來，給人有點冷淡的印象。由於原本就小心謹慎，所以只想與親密的朋友坦率交往。

　　在聯誼活動上，不妨觀察參加者的手機吊飾，玩點心理遊戲也很有意思。

工作有成就的人、有人緣的人，在初次見面時就占上風

初次見面時快速融洽交談的祕技

使用「照鏡子」技巧

在初次見面的商業談判場合，彼此一定都很有戒心，難以融洽交談。此時，使用「照鏡子」技巧，就能自然營造融洽交談的氣氛。

做法很簡單，只要若無其事地模仿對方的動作──如此而已。

例如，兩個人面對面地坐著，如果對方用右手拿起咖啡杯，你就用左手拿起自己的杯子。亦即，從對方看來，他的動作好像映在鏡子裡。但不可讓對方察覺到你在模仿他，只要讓對方的潛意識感覺到就行。

由於在同一時間模仿對方的動作，難免顯得不自然，最好稍後一下再模仿。如此，即使對方的意識沒有察覺到，但潛意識裡則不由自主地開始對你感到親近和放心。兩個人身體動作的波長一致，心自然就會產生共鳴。

就算不懂這種技巧，情投意合的伙伴也會下意識地做出同

樣的動作。換言之，刻意做出與對方相同的動作，自然就會湧
現親近感。

更快速融洽交談的方法

要打破初次見面時的緊張氣氛，最直接的方法就是自己要
放輕鬆。一旦自己放輕鬆，那種感覺自然就會傳達給對方，產
生融洽交談的氣氛。

不過，這實在是很難做得到。

例如來找讀心者的諮詢者，幾乎都是初次見面的人。在這
種一次就決勝負的情況下，彼此都沒有充裕的時間去放輕鬆。
此時，讀心者所使用的技巧就是建立信任關係，心裡想像著：

「伸出你的雙手，去碰觸對方的兩肩。」

像這樣試圖用「心的手掌」去感應碰觸，便有自我暗示的
效果。

事實上，潛意識無法區別「實際觸摸的感覺」和「想像的
感覺」。因此，潛意識會把它解釋為「啊，我跟這個人的關係是
能碰觸肩膀般的親密」。

如此一來，就能很快放下防禦的姿態。當你自然而然放鬆
了，對方也會有所感應而隨之放鬆下來。

初次見面時使用的技巧

照鏡子

對方　　　　　　　　　　你

若無其事在對方心裡投入暗示

介紹一個在一般交談中，在對方的潛意識裡投入暗示的技巧。

例如，想投入「心砰砰跳」的暗示時，你可以這麼說：

「昨天，我被要求在一百個人面前說話。真是『心砰砰跳』，緊張死了。由於事前完全不知道，所以沒有一點準備。」

而只在說「心砰砰跳」時，注視著對方的眼睛，並且稍微放慢說話的速度。

雖然對方的意識裡是將它當作一般的話在聽，但潛意識裡只對「心砰砰跳」這幾個字留下強烈的印象。

當然，這不是一次就能見效的，在說話時反覆地插入「心砰砰跳」等字眼，同時注視著對方的眼睛，對方就會逐漸改變。

不過，老是用「心砰砰跳」這幾個字，可能會引起對方的懷疑，有時不妨改說「內心很激動」或是「心裡很不平靜」、「心情亢奮」等等。

工作方面的書信很難寫，因此，藉由技巧能見高下

超重要！商用E-mail的高明寫法

使委託工作順利達成的E-mail寫法

用E-mail委託工作時，有可以提高對方工作幹勁的寫法。

大部分的人都是這樣寫的：

「前幾天您所說的話，極具參考價值。有幸聆聽不愧是在某個領域登峰造極的您說話，所有參加者都得到非常大的刺激，衷心感謝您。」

先如此奉承對方之後，接著再寫：

「今天有件事想拜託您。為了刊登在敝公司雜誌上的報導，不知可否採訪您？事出突然，真是抱歉，可否在下週指定地點和時間接受我們的採訪？」

如果你這樣寫，肯定就搞砸了。的確，對方看了前半段會覺得很舒服，但接著看到「今天有件事想拜託您……」，馬上會覺得「搞什麼？原來前面寫的只不過是奉承話，真正的目的在此」而感到厭惡，不會高高興興地接受之後的「委託」。

奉承話要寫在最後

因此，最好是把上述的例子前後段倒過來寫，先提「突然要求採訪」之事，再寫「奉承話」。這麼一來，即使開頭的要求讓對方感到不悅，但看到後面的奉承話，心情就會好轉起來；而且這種好的心情會在看完信時成為印象留下來，自然就會答應你的請託。

總之，先寫委託的內容，然後才寫奉承話，這就是有效商用 E-mail 的書寫訣竅。

由於寫 E-mail 比用筆寫信來得簡單，有些人不自覺便會使用寫私人信件的方式。但商業往來畢竟不同，必須徹底意識到那是商用文書，非得採用商用形式來寫不可，否則難免使某些人感到不愉快。

尤其是寄給年長者的商用 E-mail 更需要特別注意。另外，在 E-mail 尚未成為一般溝通用具的時代長大的人，總會對草率而就的 E-mail 感到反感。

因此，書寫商用 E-mail 時，基本上只要盡量模仿對方的寫法就不至出錯。例如，如果對方寫得比較草率，你就以同等程度寫得通俗易懂即可；反之，如果對方寫得正經八百，你就非得配合地採用商用文書的形式來寫才行。

至於個人 E-mail，不妨盡情表現自己。否則，難免給人一種好像在處理公事的冷淡印象。

書寫商用 E-mail 的順序

壞例子

主旨：多謝照顧

○○先生（小姐）：

承蒙您經常照顧，感激不盡！

前幾天的會議，托您的福，那是個非常有意義的會議。

領教了您嶄新的高見，全體員工都受到很大的刺激。

而下次的會議已訂於三十一日舉行。

百忙之中，請務必撥冗參加。

……

好例子

主旨：下次會議是三十一日

○○先生（小姐）：

承蒙您經常照顧，感激不盡！

下次的會議已訂於三十一日舉行。

百忙之中，請務必撥冗參加。

前幾天的會議，托您的福，那是個非常有意義的會議。

領教了您嶄新的高見，全體員工都受到了很大的刺激。

……

順利委託工作的技巧

有助於
工作・戀愛
的小技巧

　　想要人家做什麼事時，有個高明的委託技巧。

　　例如，想請求○○先生寫企畫書，一般都這樣說：

　　「○○先生，請你撰寫上次說的那件企畫書。」

　　但是，這種說法多少會引起對方的反感。因此最好照下面這麼說：

　　「因為我下午要開會，○○先生，請為我撰寫上次說的那份企畫書。」

　　即使下午的會議和企畫書實際上毫無關係也不要緊，只要套用「因為我要做……，請你做……」的說法就行。

　　這麼一來，○○先生會比較樂意動手寫企畫書。

　　之所以如此，是因為我們從小就被灌輸了分工合作的觀念，就好像「某同學擦窗戶」、「某同學掃地」般，潛意識已被輸入了：既然有人要做什麼，自己就不可不做什麼的觀念。

　　因此，可以讓對方的反感降到最小的限度，順利請對方幫你做事。

讓人感覺幸福的技巧

　　從我的觀點來說，冷讀術歸根究底就是「了解對方心意」與「建立信任關係」的技巧。

　　想了解你、能信任你的人，究竟有多少？

　　儘管有一起歡鬧的伙伴，有因工作之故而聯繫的人，但幾乎無人視你爲獨立的個體來了解你、信任你，頂多只有一、兩個知心的朋友，就覺得幸福了，現狀不就是這樣嗎？

　　整個社會的心理狀態，與其說是相信別人、接納別人，還不如說是偏向懷疑別人、批判別人。

　　或許有人會說「爲了騙人，我想要精通冷讀術」。但是，請你仔細看一看：這個社會上欺騙、批判、操縱別人的人已經過多，也早已供過於求了。

　　現在，社會上最供不應求的，是「了解我」、「信任我」、「接納我」這種類型的人。因此，如果你認眞努力的去了解別人的心意，對社會來說，「物以稀爲貴」，非但大家搶著成爲你的

朋友、想和你談戀愛、買你的商品，也會蜂擁而來親近你，這絕非誇大之詞。

但願透過冷讀術的實踐，能使社會大眾恢復一點風趣，這也是我出版本書的心願。

最後，非常感謝你閱讀這本書。

期待有朝一日能直接與你相見。

國家圖書館出版品預行編目資料

圖解版：瞬間贏得信任的冷讀術／石井裕之著.
樂伊珍譯.-- 第二版. -- 臺北市：
遠見天下文化, 2009.06
面； 公分. --（心理勵志；251）
譯自：〈図解版〉なぜ、占い師は信用されるのか？
ISBN 978-986-216-358-0（平裝）

1. 溝通

177.1   98009933

閱讀天下文化，傳播進步觀念。

- 書店通路──歡迎至各大書店 · 網路書店選購天下文化叢書。

- 團體訂購──企業機關、學校團體訂購書籍，另享優惠。
  請洽讀者服務專線 02-2662-0012 或 02-2517-3688 * 904 由專人為您服務。

- 讀家官網──天下文化書坊
  天下文化書坊網站，提供最新出版書籍介紹、作者訪談、講堂活動、書摘簡報及精采影音
  剪輯等，最即時、最完整的書籍資訊服務。

  bookzone.cwgv.com.tw

- 專屬書店──「93 巷 · 人文空間」
  文人匯聚的新地標，在商業大樓林立中，獨樹一格空間，提供閱讀、餐飲、課程講座、
  場地出租等服務。
  地址：台北市松江路 93 巷 2 號 1 樓　電話：02-2509-5085

  CAFE.bookzone.com.tw

圖解版　瞬間贏得信任的冷讀術

作　　者／石井裕之
譯　　者／樂伊珍
總 編 輯／吳佩穎
責任編輯／李麗玲、丁希如
封面設計／柯明鳳（特約）
內頁設計／葉雯娟（特約）

出版者／遠見天下文化出版股份有限公司
創辦人／高希均、王力行
遠見・天下文化 事業群榮譽董事長／高希均
遠見・天下文化 事業群董事長／王力行
天下文化社長／王力行
天下文化總經理／鄧瑋羚
國際事務開發部兼版權中心總監／潘欣
法律顧問／理律法律事務所陳長文律師　　著作權顧問／魏啟翔律師
社　　址／台北市 104 松江路 93 巷 1 號 2 樓
讀者服務專線／(02)2662-0012
傳　　真／(02)2662-0007；2662-0009
電子信箱／cwpc@cwgv.com.tw
直接郵撥帳號／1326703-6 號　遠見天下文化出版股份有限公司

電腦排版／立全電腦印前排版有限公司
製版廠／東豪印刷事業有限公司
印刷廠／柏晧彩色印刷有限公司
裝訂廠／台興印刷裝訂股份有限公司
登記證／局版台業字第 2517 號
總經銷／大和書報圖書股份有限公司　　電話／(02) 8990-2588
出版日期／2007 年 1 月 31 日第一版第 1 次印行
　　　　　2024 年 5 月 20 日第三版第 6 次印行

定價／300 元
"<ZUKAIBAN> NAZE, URANAISHI WA SHINYO SARERUNOKA?" by Hiroyuki Ishii
Copyright © Hiroyuki Ishii 2006.
The Original Japanese edition published by FOREST Publishing, Co., Ltd., Tokyo
Complex Chinese Edition Copyright © 2007, 2009 by Commonwealth Publishing Co.,
Ltd, a member of Commonwealth Publishing Group
This Complex Chinese edition published by arrangement with FOREST Publishing Co.,
Tokyo. in care of Tuttle-Mori Agency, Inc., Tokyo through Future View Technology
Ltd., Taipei
ALL RIGHTS RESERVED
EAN：4713510945483
書號：BBP251A

天下文化官網　bookzone.cwgv.com.tw

天下文化
BELIEVE IN READING